고향냄새

현대수필가100인선 · 30

고향냄새

임억규 수필선

좋은수필사

■ 책머리에

수필은 누구나 부담 없이 읽고, 마음만 먹으면 직접 쓸 수도 있는 가장 친근한 문학이다. 다른 영역의 문학이 영상매체에 밀려 신음하고 있는 중에도 수필 인구만은 날로 증가하여 바야흐로 수필 전성시대를 구가하고 있는 이유도 거기에 있을 것이다.

시대적 추세에 힘입어 수많은 수필전문지, 수필동인지가 창간되고, 이에 비례하여 신진 수필가도 날로 늘어나다 보니 이제는 그 많은 작가, 그 많은 작품 중에서 문학성 높은 작품을 가려 읽는 일이 쉽지 않게 되었다. 이런 현상은 작가에게나 독자에게나 결코 바람직한 일이 아니다. 더 나아가서는 수필을 연구하는 후세들에게도 큰 부담이 될 것이다.

이런 문제를 해결하는 데는 출판인도 마땅히 한몫을 감당해야 한다는 평소의 소신에 따라, 본사가 기꺼이 그 역할을 맡기로 했다. 그 첫 번째 사업으로 시대를 대표할 만한 수필가 100인을 선정하고, 작가가 자선한 40편 내외의 작품을 수록한 문고본을 발간하여 이를 널리 보급함으로써 그 소임을 다하고자 한다.

본사는 사명감을 가지고 이 사업을 추진해 나가기로 했다. 작가 선정을 전담할 편집위원회를 구성하고 전권을 위임하여 일체의 사적인 정실이나 청탁을 배제함으로써 전문성과 공

정성을 확보해 나갈 것이다.

따라서 이 기획물 속에는 작가의 문학정신뿐만 아니라, 본사의 문학사적 기여 의지와 편집위원 제위의 수필문학에 대한 애정과 문인으로서의 양심이 함께 담겨 있음을 자부한다. 다만, 작가를 선정하는 기준에는 많은 견해의 차이가 있을 수 있고, 선정 과정에서도 미처 챙기지 못한 부분이 있을 것이라는 사실만은 인정하지 않을 수 없다. 이 점에 대해서는 관계자 여러분의 양해 있으시기 바란다.

이 시리즈의 발간 순서는 작가, 또는 본사의 사정에 의한 것일 뿐 그 밖의 어떤 기준도 적용하지 않았음을 밝힌다.

본 기획물이 시대를 초월한 많은 수필 애호가들의 관심과 애정 속에 우리나라 수필문학 발전에 한 이정표가 되기를 바랄 뿐이다.

2008년 10월

좋은수필 발행인 서 정 환

현대수필가 100인선 간행 편집위원 박 재 식 최 병 호

정 진 권 강 호 형

변 해 명

1_부

2_부

3_부

4_부

1부

소나무

밤 사이에 내린 눈으로 정원의 나무 가지마다 눈꽃이다. 눈의 무게를 이기지 못하여 가지를 축 늘어뜨린 두어 길 향나무들, 그 곁에서 열두 살짜리 애기 소나무가 목화송이 같은 눈꽃을 피웠다.

오늘 같은 날엔 고향은 말 그대로 선경仙境을 이루었겠다. 앞들과 뒷들, 앞 뒷산의 나무들이 머리마다 가지마다 눈꽃을 흐드러지게 피운 설경雪景은 가히 별천지일 것이다. 아름다움을 넘어 경이롭고 신비스럽기 이를 데 없는 것들, 그 중에서도 운치 있기로는 소나무가 으뜸이 아니던가.

고향집 사립문을 나와 오른 쪽으로 비탈길을 올라가면 초등학교가 있다. 교문 양옆에 여남은 그루의 소나무들이 마중하듯 서 있는 곳, 이곳을 찾아가면 아직도 옛정을 못 잊어 팔을 벌리고 맞아주는 것 같다. 어린 시절의 놀이터였던 꿈의 뒷동산엔 정성들여 다듬고 가꾸어 놓은 노송들이 여기저기에 그림 같은 풍경을 이룬다.

꽁꽁 어는 겨울 추위에도 아랑곳 않는 기개에 굳센 의지를 보여준다. 봄엔 새 못자리에 황금빛 송홧가루를 뿌려 꿈을 심어주고, 여름에는 시원한 솔바람을 날리고, 가을엔 다른 나무들이 물들어도 홀로 푸르다.

나는 우리나라 소나무를 좋아한다. 길을 걷다가도 나이 든 소나무를 보면 멈추어 서서 이야기를 나누고 싶어진다.

소나무의 우람한 가슴에 손을 얹고 거북등 같은 껍질의 두께에서 세월의 덧없음을 보고 곧은 듯 뒤틀린 줄기나 굽어 뻗은 가지에서 삶의 풍상을 읽는다. 작은 가지, 섬세한 잎은 소박하고 자상한 시골 사람의 인정이며 송진 냄새는 곧 고향의 냄새다.

소나무는 메마른 땅도, 산비탈도, 바위 틈새도 마다하지 않는다. 응달이거나 뙤약볕이거나, 찬 서리 눈비에도 의연히 푸르기만 하다.

소나무는 연륜이 쌓일수록 의젓하고 늠름하다. 노송은 숭고하고 신비스럽기마저 하다. 대인군자의 풍모라고나 할까.

속리산 기슭에 서 있는 '정이품 소나무'의 웅자는 누 백년에 걸쳐 쌓아올린 탑인 양, 그 장대하고 근엄함에 고개가 숙여진다. 이 땅에는 이를 닮으려는 애기 소나무들이 많다.

맑은 하늘에 하얀 구름이라도 떠 있는 날이면 긴 세월을 안으로 삭이며 휘늘어진 소나무는 흥에 겨워 너울너울 춤을 추는 듯도 하다. 때로는 설움의 춤을 추는 것처럼도 보인다. '아리랑 춤'을 추는 것이다. '아리랑 소나무'라 부르고 싶어진다.

천둥 번개에 비바람이라도 내리치는 날 하늘을 향해 꿈틀거리는 소나무는 용의 모습과도 같다. 비늘을 번쩍이며 힘센 발로 땅을 끌어안고 몸을 솟구치다 뒤틀기도 하고 어깨에 힘을 주고 팔을 휘저으며 하늘로 치솟으려는 그 모양새.

큰 가지에 달이 걸리고, 작은 가지에 별이 열리는 밤. 소나무의 모습은 그대로가 한 폭의 그림이고 시이다.

(1988)

세월歲月

책상머리에 앉아 손목시계를 들여다보고 있으려니 부지런히 움직이는 초침에 눈이 간다. 귀에 대보니 째각 째각, 벽시계와 소리로 박자를 맞춘다. 초침의 한 걸음 한 걸음이 계속되고 계속되어 묻어버린 세월들…….

스물여덟 되던 해 가을, '살아 생전에 막내며느리를 보고 싶다'고 원하시는 어머니의 뜻에 따라 결혼을 했다. 시골 초등학교 교실의 조립식 칸막이를 트고 만국기로 꾸민 급조 예식장에서 화촉을 밝힌 지 올해로 30년!

둘이서만이 아는 듯 모르는 듯 지내오던 결혼기념일이었지만, 금년에는 아이들이 챙긴다. 미국에 유학 중인 막내 녀석이 미리서 축하 카드를 보내오고 딸 내외가 가까이서 챙긴다.

달포 전에 근무지를 뉴욕으로부터 도쿄로 옮긴 큰녀석은 결혼 삼십 주년 기념 삼아 일본으로 여행을 오란다. 여행준비에 보태라고 송금까지 하고도 하루가 멀다고 전화를 걸어온다.

직장인이 부부동반으로 장기여행을 하기란 쉬운 일이 아니다. 우선 두 사람의 비자를 내놓고 항공편 예약을 했다. 지난해 미국엘 갈 것이라고 수선만 떨었던 일을 떠올리면서도….

그러고 나서 며칠 뒤, 이번에는 어쩔 수가 없어서 내자만을 비행기에 태웠다. 모처럼 해외로 나들이를 보내고 나니 새장에 가두었던 새를 넓은 세계로 날려 보내는 것과도 같은 느낌이라 할까.

지금쯤은 우리 민족의 한이 서린 현해탄의 짠 공기 사이를 날고 있을 게다.

오랫동안 길든 새(?), 비록 갖춘 것 없는 울안이라도 좁다 하지 않고 낮다 하지 않고 숨소리 가늘게 살아 왔다. 삼 남매를 기르고 뒷바라지 하느라 세월 가는 줄을 모르다가 잠시 동안이지만 우주의 바람을 타고 하얀 구름바다 위를 날고 있다고 생각하니 나도 구름 위에 함께 떠 있는 것 같다.

눈길을 걷다가 쪼르르 미끄럼을 타보고, 내를 건너면서도 물방울을 튕겨보고, 밖에서 돌아올 때 문밖까지 마중 나와 어깨에 손을 얹어보던 결혼 초, 소녀티가 가시지 않았던 옛 모습은 어디로 갔을까.

밉다 곱다 자질구레 살아온 세월이건만 집에 들면 첫마디로 불러보던 '벗'이 아니었던가.

구천 피트 상공에서 눈 아래에 펼쳐진 땅과 바다 그리고 무한한 하늘을 보면서 무엇을 생각하고 있을까. 비행기보다도 더 위만큼 들떠 있을까. 그만큼 더 깊은 생각에 잠겨 있을까. 아니면 비행기의 속도만큼이나 부지런히 지난날의 가닥들을 챙겨보고 있을까…….

시계의 초침은 세월을 앞으로 앞으로만 당기고 있는데 내 마음은 뒷걸음질을 치며 세월을 끌어당기고 있다.

차 한 잔을 들고 싶으나 부엌이 낯설다. 해가 서편으로 기울어드나 보다. 좁아만 보이던 집안이 어찌 이리도 넓은가. 오랫동안 친숙해졌건만 어둠이 깔리고 보니 낯선 구석 같다.

(1990)

참새

구름장 갈라진 사이로 보이는 하늘이 쪽빛이다.

지루한 장마가 걷히려나 보다. 그 동안에 굵어진 모과가 짙푸른 잎 사이로 얼굴을 드러내고 있다. 몇 개나 열렸을까. 모과나무 가까이로 가니 참새소리가 들린다. 울타리처럼 늘어세운 정원수의 잔가지 사이로 파출소 건물의 우중충한 창문이 보일 뿐 정작 참새는 눈에 띄지 않는다. 두리번거리다가 몇 발짝을 물러서서 보니 파출소 건물의 슬래브 지붕에서 대여섯 마리가 놀고 있다. 날았다 앉았다 하는 품이 아무래도 새끼 참새들인 것 같다. 어미 새가 아기 새들을 데리고 산책이라도 나왔나 보다.

그런데 새끼들이 놀고 있는 것을 지켜보고 있는 어미 새가 위험신호를 보내고 있다. 어릴 적에 들어보던 소리다. 구렁이가 초가의 처마 끝을 누비며 제 놈들의 둥지를 엿보고 다닐 때 참새들은 숨가쁜 비명을 지른다. 고양이나 삵, 족제비 같은 짐승이 가까이 나타날 때도 지금처럼 비상경보를 보냈었다.

요즘에야 서울에 뱀이 있을 리 없고 들짐승들이 나타날 리도 없다. 나는 모과를 헤아려 보려던 생각은 잊고 참새 노는 모습에 정신을 팔고 있다.

어쩌면 저 참새는, 내가 어렸을 때 제 놈들의 알을 훔치고 새끼를 잡아 가두거나 실로 발을 매어 괴롭혔던 일들을 알고 있기라도 하는 것일까.

깊은 밤 횃불을 비추며, 잠결에 놀라 둥지를 뛰쳐나와 통발 속에 쑤셔 박힌 참새를 잡아내던 행랑채 아저씨를 좇아라 따라다니기도 했다. 눈이 많이 내린 아침 뒷 밑에 뿌려 놓은 쌀겨를 보고 찾아 든 참새를 한꺼번에 십여 마리씩 잡던 이웃 아저씨의 흉내를 내본 일도 있었다.

생각해보면 참새는 인간에게 충실한 협조자다. 농작물의 해충 구제나 전답의 잡초 발생 예방을 해준다. 그러다가 곡식이 여물어 갈 무렵에는 조금 실례를 한다. 어찌 보면 이는 인간에게 봉사한 대가의 극히 작은 일부를 받아가려는 것이나 다르지 않을 것이다.

사람들은 논밭에 허수아비를 세우고 방울을 달고 가짜 매를 달아 놓는다. 후여! 후여! 소리를 치고 양철통을 두들겨대며 새를 쫓는다. 그러나 참새는 속지 않고 지지 않으려고 한다.

허수아비의 머리 위에 앉으며 가짜 매를 무서워하지 않는다. 사람들의 극성에 못 이겨 이리 쫓기고 저리 몰리다가 떼를 이룬다. 사람들이 그토록 매정하게 굴지만 않았더라면 참새들은 떼를 지어 한 곳으로 몰려와서 그 논밭의 곡식을 작살내지는 않을 것이다.

참새는 늦잠꾸러기를 깨워주고 한적한 농가의 마당에 평화를 수놓아 주기도 한다. 참새 몇 마리가 마당에 사뿐히 앉는다. 폴짝폴짝 두 발 모아 뛰어다니며 먹이를 찾는다. 할머니의 기침소리에 귀를 쫑긋거리고 할아버지의 대통 소리에 고개를 갸우뚱거린다. 어찌 귀엽지 않은가. 거기에 한두 그루의 꽃나무라도 곁들여지면 살아 있는 화조도花鳥圖가 아니던가.

마당에서 놀고 있는 닭이나 병아리들에게 모이라도 줄라치면, 참새도 한몫 낀다. 닭들은 언짢아하거나 인색하게 굴지 않는다. 차려 놓은 잔칫상에 이웃을 위해 숟가락 하나 더 놓는 셈으로 여기는 것일 게다.

저 참새들은 어느 집에 깃들어 있을까? 어릴 적 고향에서 보던 참새보다 작아 보인다. 삭막한 도시의 시멘트 숲에 지쳐버린 탓일지도 모른다.

참새는 방앗간을 그냥 지나치지 않는다고 했다. 저 어미 새는 방앗간을 알고 있을 게다. 생 울타리에 둘러싸인 초가집이 옹기종기, 그런 마을이 그립고 대나무 숲도 그리울 것이다.

(1989)

과꽃

고향 길 동구 밖에서 따온 꽃씨를 정원에 뿌렸더니 해마다 꽃을 피운다.

서울 생활 30여 년에 드문드문 보던 꽃, 근원近園의 표현을 빌리면, "가다 오다 좁다란 골목 속 행랑살이 문 앞에 혹은 쓰레기통 옆에 함부로 심어져 컸을망정 난만爛漫하게 하늘거리는 꽃" 과꽃이다.

옮겨 심어도 하룻밤 사이에 새 뿌리를 내리고 흙을 낯가림할 줄도, 거름 타박을 할 줄도 모른다. 그러던 것에, 서너 해 전에 탄저병炭疽病이 번졌다. 분진으로 더럽혀진 공기와 그런 물에 싫증이 났음인가 산성비酸性雨 탓이던가. 집 안에 농약을 뿌릴 수도 없어 그대로 두었더니 두 해를 지탱하지 못했다.

한 해를 거른 뒤 초가을의 정원을 곱게 해주던 과꽃을 다시 심어 보리라 하던 차에 며느리가 구해온 꽃씨를 뿌렸다. 귀이개만한 떡잎이 돋아 제풀로 자라더니 삼복을 치르고 햇살이 누그러지자 수줍게 꽃망울을 터뜨리며 다소곳이 가을을 마중한다.

음 7월에 핀다 해서 칠월국화七月菊花라 하며, 쓰고 달고를 가리지 않는 소탈함 속의 깊이를 헤아림인지 고의苦意라는 별칭別稱에, 가을의 문턱을 수놓는 꽃이라 해서인지 추금秋錦이라는 아호雅號도 받았다. 어떤 지방에선 추모란秋牡丹이니 취국翠菊이라고도 한다니 별호도 많다. 그러고 보면 옛부터 꽤 귀염을 받아오던 꽃으로 여겨진다.

우리나라와 중국이 원산지인 과꽃을 당국화唐菊花라 함을 이해할 수 없다. 과꽃이 키가 낮다 해서 왜국화倭菊花라 했을지는 모르나, 일본의 왜倭라면 사리에도 맞지 않으려니와 듣기도 거북하다.

과꽃은 봄여름을 잎에 도톰히 머금었다가 가을이 기웃거릴 무렵에 그 힘을 꽃으로 빚어낸다. 백白, 홍紅, 자紫의 세 얼굴로 보이나 홍에 백과 자의 넋이 있고 백에도 홍과 자의 얼이 들었다. 세 빛깔이 하나요, 하나가 셋임은 가꾸어본 사람이 아니면 알기가 어려울 것이다.

가냘픈 코스모스는 여린 손짓을 하며 고향의 신작로로 나를 이끌지만, 과꽃은 초가들이 옹기종기 어우러진 고향 마을을 몽땅 들고 다가온다.

현란眩亂하지도 우아한 자태도 아니다. 빨간 화판花瓣으로 정열을 보이고 하얗게 정결함을, 보라 빛으로 고아한 심성을 보인다. 금빛 꽃술로 감싼 씨알들을 꽃잎으로 떠받친 소담한 꽃이다.

흰 꽃, 빨강 꽃, 보라 꽃 셋이 어울리면 마치 세 자매가 도란거리고 있는 것과도 같다. 두세 살 터울의 세 누님들이 손톱에 봉선화 꽃물을 들일 무렵 우리 집 뜨락에는 과꽃이 흐드러지게 피곤했었다. 연지 곤지도 모른다. 짙은 향수도 모른다. 분단장도 하지 않는다. 찬물로 세수한 얼굴이다. 그래서 나는 과꽃을 좋아하는지 모른다.

"……훨훨 자유스럽게 넓은 화단에 피지도 못하고 제법 값 높은 화분에나 좋은 흙에 담기지도 못했건만 깡통 속에서 자배기 쪽 속에서 오히려 아무런 불평도 없이 낭만浪漫하게 자유스럽게 그 개성을 충분히 발휘하는 이 꽃을 나는 존경하지 않을 수 없다" 근원의 수필 〈구아꽃〉의 맺음 구절이다.

세 누님들의 생각이 왈칵 떠오른다. 어느 노부인에게 큰누님의 결혼 중매를 부탁하시던 어머니는 "잘나지도 못한 딸, 제대로 가르치지도 못했으니 되는 대로 여의겠다."고 하셨다. 일제가 놋쇠 밥그릇까지 강탈해갈 무렵, 내가 일곱 살 때 엿들어두었던 말이다. 세 형님의 부담도 염두에 두셨으리라. 어느 부모가 못 입히고 못 먹인 딸일망정 소홀히 하랴. 아무렇게나(?) 시집을 보낸 누님들이 아무런 불평도 없이 참고 견디며 지혜를 짜내면서 아들 딸을 버젓이 키워놓고 건강하게 살고 있다. 과꽃처럼…….

대학졸업 무렵에 김양으로부터 과꽃을 한 아름 선물로 받았던 기억이 있다. 그 꽃은 쓸쓸한 내 하숙방에서 오래오래 피어 있었다. 여학생으로부터 꽃을 받아보긴 처음이자 마지막이었을 것이다. 가을의 문턱에 서서 과꽃을 바라보며 먼 곳의 김양에게 눈으로 편지를 쓴다. 김양이 과꽃 같았다는 생각도 해본다.

(1992)

불심佛心

이른 봄, 어느 모임에 참석하고 돌아오는 길에 종로 1가를 지나려는데 마침 초파일 제등 행렬과 마주치게 되었다. 한복을 곱게 차려 입은 여인들이 색색의 연등蓮燈을 들고 스님의 목탁 소리에 맞추어 질서 있게 행진하고 있었다. 행렬 속에는 남자 신도들도 보이고 남녀 학생들 그리고 어린이들도 보인다.

해마다 텔레비전 화면을 통해 이 행사의 광경을 보면서 꼭 한번 가까이에서 보았으면 했었다. 행렬을 오래 지켜 볼 욕심으로 근처에 있는 2층 다방으로 올라가 창가에 자리를 잡았다. 차를 시켜 놓고 구경을 하는데 소리가 들리지 않아 거리의 축제 분위기를 제대로 느낄 수 없어 다시 인도로 내려가 행렬을 지켜본다.

가장행렬도 펼쳐지고 있다. 석가족의 왕자로 태어나 성불하기까지의 부처님 행적을 각 사찰이나 단체마다 나름의 구상으로 특색 있게 꾸민 행렬이 호기심과 흥미를 돋운다. 코끼리와 용도 등장한다. '농자천하지대본農者天下之大本'이라 쓴 농군의 깃발을 앞세운 농악대가 드문드문 끼여 있는 게 이채롭다. 그런데 있을 법한 소는 보이질 않는다. 대웅전의 뒷벽에서 더러 본 적이 있는 벽화 심우도尋牛圖가 떠올라서다.

길 양편에는 많은 시민들이 걸음을 멈추고 서서 손을 흔들어주기도 하고, 박수를 치면서 먼 길을 걸어온 신자들과 호흡을 함께 하기도 한다. 연등의 물결은 꼬리에 꼬리를 물고 이어진다. 시계를 보니 어느새 두어 시간이 훌쩍 지나가 버렸다. 어스름하던 주위가 이젠 어둠에 잠겼다. 등불은 저마다의 비원悲願을 담고 거리를 밝히며 지나간다. 이 긴 행렬, 이 많은 사람들이 가 닿는 곳은 어디일까. 나는 행렬의 뒤를 천천히 따라가 본다.

조계사 입구에 이르니 제등 행렬에 참가했던 사람들이 해산하는 것이 보인다. 그 많은 사람이 언제 왔더냐는 듯 흩어지는 모습이 정연하다. 조계사의 경내도 생각보다는 붐비지 않는다.

절 마당 석탑 뒤쪽에는 어림으로 가로 아홉 자에 세로 석 자, 깊이가 두 자는 됨직한 화강암 돌확石槽이 있고, 그 속에 많은 촛불이 켜져 있다. 어떤 이는 제등 행사 중 타다 남은 초를 그 안에 꽂아 놓고 가기도 한다. 황홀한 촛불 밭이다. 그 아름다움에 마음을 빼앗기고 있을 때, 한 여인이 돌확 안의 불 꺼진 초에 불을 붙이기 시작한다. 어린 손자가 남이 켜놓은 촛불을 불어 끄는 것도 모른 채 사진만 찍어대고 있는 여인이 있어서인지 그 여인의 그런 행동이 내 눈길을 끈다. 사십대 중반쯤 될까. 그 여인의 인등引燈은 한참 동안이나 계속되고 있었다.

자기의 복을 빌기에만 급급한 요즘 세태에 다른 사람의 소원을 함께 빌어주는 여인의 모습은 신선한 충격을 안겨준다. 나는 땅바닥에서 나뭇가지 하나를 주워 여인의 흉내를 내보려 했다. 돌확의 바닥에 반 뼘 남짓 고여 있는 것이 촛농인 줄 알고 나뭇가지 끝에 묻혀 불을 붙이려 하나 붙지 않는다. 그제야 "물이어요" 하고 깨우쳐주는 여인의 목소리가 들린다. 그 여인을 지켜보고 있던 것을 갑자기 들켜버린 것 같아 겸연쩍다. 티끌 하나도 알아볼 수 있을 만큼 밝은 돌확 속의 물을 촛농이라고 착각을 한 나는 무슨 생각에 골몰해 있었단 말인가.

나는 불자가 아니다. 지금 절에 와 있지만 참배의 예절도 제대로 알지 못한다. 우리나라에 불교가 전래된 지 천육백 년이 넘는다 하고, 곳곳에 불교문화의 영향이 미치지 않은 곳이 없건만 이 나이가 되도록 무관심하게만 살아왔다. 그러나 오늘 같은 날은 어쩐지 불전에 향이라도 하나 사르고 싶다. 쌀독의 바닥을 긁어서라도 탁발 나온 스님께 시주를 하시던 어머니의 모습도 떠오른다.

물 위에는 촛농이 서로 엉켜 떠 있다. 그 위에 놓여 진 작은 초들이 제 심지를 태우며 흘린 촛농이 촛농 덩이에 살을 찌운다. 돌확의 바닥에 세워진 물속의 커다란 초의 밑 둥이 물 위의 촛농 덩이를 받치고 서 있는 기둥처럼 보인다. 촛농으로 덮이지 않은 틈 사이로 돌확의 바닥이 들여다보이고, 그 속에서 촛불들이 춤을 춘다. 아름다운 공간이다. 내 지난날들의 그림자도 그 속에서 떠올랐다가는 사라지곤 한다.

여인이 자리를 뜬 뒤에도 나는 쉽게 그곳을 떠나지 못한다. 누가 켜 놓은 것인지도 모르는 초의 불길을 되살려주는 그 마음, 누가 보아 주지 않아도, 알아주지 않아도 소리 없이 행하는 그 손길이야말로 자비慈悲라고 하는 그 마음일 것이다. 나는 그 여인이 하던 것처럼 불이 꺼진 초에 불을 붙여 본다.

시간이 얼마나 흘렀을까, 종각역에서 전철을 타고 보니 이번이 마지막 열차라고 한다. 오랜 시간을 서 있어서인지 자리에 앉자마자 눈꺼풀이 저절로 내려온다. 제등 행렬을 따라 조계사에까지 갔던 일들이 마치 꿈처럼 망막 속에서 아른거린다. 굉음과 함께 질주하는 열차 속에서 나는 그 여인을 떠올리고 있다.

(1995)

쑥

우리 집 뜰에서 자라는 쑥을 보는 사람 거개가 한 마디씩 한다.

"쑥이 있네!" 이 한 마디가 풍기는 뉘앙스가 때마다 사람마다 다르다.

안양安養에서 농장의 꿈을 가꾸고 있을 적에 기르던 정원수 몇 그루를 옮겨올 때에 흙덩이에 올라타고 따라온 쑥들이다. 뜰 한편에 심어진 지 열다섯 해가 되었다.

쑥이란 놈은 생장력이 어찌나 드센지 더위나 가뭄도 모르고 뿌리를 뻗어 잔디밭까지 넘본다. 그대로 두었다가는 뜰이 온통 쑥으로 덮일 것 같아 호되게 만류를 해도 끈질기기가 막무가내다. 철도 없고 눈치도 모르는 것일까. 하기야 씨에서 태어날 때의 솜털을 평생 버리지 못하고 제 꽃마저도 드러낼 줄을 모르는 놈이 쑥이 아니던가.

뉴욕에 사시는 사촌누님 내외가 오셨을 때 뜰에서 기르는 쑥으로 '쑥국'을 끓여 드리겠다고 했더니 반가워하셨다. 농약 공해로 구수한 쌀뜨물을 잊은 지 오래이니 고향의 쑥국 맛을 겨우 흉내나 냈을까. 그래도 옛정을 곁들인 아침 식사는 즐겁기만 했다. 누님의 향수병을 달래는 데도 쑥이 효험을 보였으리라.

쑥은 몸을 보양하고 식욕을 돋운다며 쑥국을 즐겨 하시던 아버지를 비롯, 우리 칠 남매는 모두 쑥국을 좋아한다. 이른 봄, 마른 풀잎들 사이로 아지랑이 손길 잡고 기지개 켜며 돋아나는 봄 쑥은 누나들의 도란거리는 이야기를 엿들으며 바구니에 담겨온다. 방앗간에서 갓 찧어온 쌀을 씻은 뜨물에 잘 삭힌 된장을 풀어 끓인 쑥 국은 식구들의 춘곤春困을 쫓아주고 입맛을 돋운다.

요즈음은 별미로 먹는 쑥국, 쑥떡, 쑥범벅이지만 일제 말의 보릿고개에 쑥만큼 우리를 도와준 들풀도 없다. 초등학교 어린이들의 급식에 쌀알이 드문드문한 쑥밥이 등장하던 때다. 쑥의 수난시대요 배달민족의 수난시대이었다. 쑥 뿌리만큼이나 질긴 목숨이었다. 곰이 인도환생할 제 백일 간을 견딜 수 있는 힘을 준 한 줌의 쑥, 단군신화가 아니더라도 쑥의 묘력妙力을 알 만하다.

여름철 대지의 흙냄새와 어우러진 쑥 냄새는 가슴을 파고드는 고향의 냄새다. 살갗에 따끔한 침으로 노곤한 초저녁잠을 깨우는 모기를 쫓으며 이야기꽃을 피우던 밤, 모기 불 연기 자락에 감겨 도는 쑥 냄새에 하늘의 별들도 너울거렸다.

내가 군에 복무 중일 때다. 배앓이를 하던 여름철의 어느 날 아침, 전방 사령부 세면장에서 철모에 쑥을 찧어 그 짙푸른 액을 마셨다. 밤이슬을 맞히지 않은 즉석 생즙이라 몹시 쓰고 풋내가 나긴했으나 그 날로 배앓이는 가라앉고 사흘 아침을 마시니 입맛도 돌아왔다. 나만이 아는 어머니의 비방인 듯 자랑스러웠다.

채 초등학교에 입학을 하기 전에 어머니께서 등에 종기가 나서 고생을 한 일이 있었다. 하루는 고통을 참지 못하는 어머니를 보고 누가 시켰을까 논두렁길을 기며 달리며 오리쯤 떨어져 있는 외가로 가서 어머니가 죽는다며 마당에 퍼질러 앉아 울어댔다. 그 때 외삼촌이 서둘러 오셔서 어머니께 침을 놓아 드리고 또 쑥 뜸질을 해드렸다. '토룡土龍 뜸'이라는 것이다. 하룻밤 하루 낮의 쑥 뜸으로 통증이 멎더니 삼일 간의 뜸질을 마치고나서 보니 종기의 균근菌根이 파고든 살 속이 개미집 같다. 항생제라는 것이 없던 시절이었다. 이 상처를 아물리는 데 서너 달이나 걸렸었다.

라이터가 없던 시절, 성냥마저도 귀했다. 성냥 한 개비의 절약 때문일까, 담배 맛이나 쑥의 효험 때문일까. 긴 담뱃대를 쓰시던 아버지께서는 마른 수리취 잎이나 쑥을 비벼 부싯돌로 붙인 불을 대통 속의 담배에 붙였다. 동화의 한 대목 같은 이야기이다.

쑥은 비타민과 미네랄 등이 많아 인체에 영양적 효과가 있는 것 외에도 해열과 진통, 혈압 강하, 소염, 해독 등의 효험이 있음은 철이 들어서야 알게 되었다. 일제를 겪은 아버지 그리고 형님 세대가 목숨을 부지하고 얼을 잃지 않은 데는 쑥의 효험도 있었을 것이라는 생각을 해 본다.

광복이 되고 반세기가 흘렀건만 아직도 이 사회는 일제의 병독이 다 가시지 않은 성싶다. 미국의 공짜 밀가루와 설탕 덕에 해독이 되기는 커녕 미국병, 유럽병마저 깊숙이 파고들어 합병증세가 중증인 것 같다. 논둑과 밭둑, 들판 풀밭에 지천으로 자라고 있는 것이 쑥이다. 용도에 따라 다르기는 하겠지만 건강을 위해서라면 정력 강장에 좋다며 수입해 온다는 굼벵이, 불개미, 뱀이나 사슴 뿔 대신으로 쑥을 먹으면 어떨까. 돈 때문에 열이 오르고 감투 때문에 혈압이 오르는 사람들에게도 효험이 있으리라.

뜰에서 자라는 쑥을 본다. 만져도 보고 냄새도 맡아 본다. 부드러운 감촉이 손끝에 와 닿으며 곰 같고 쑥같이 살아온 가슴팍으로 파릇한 쑥 냄새가 아른히 스며든다.

나는 이른 봄엔 쑥국으로 입맛을 돋우고 여름에는 짙푸른 쑥 물로 건강한 추억을 마시고 가을엔 뜰의 마른 쑥을 거두며 아버지의 부싯돌을 떠올린다.

(1994)

누에의 지혜

열흘쯤 전이다. 하루가 다르게 싱그러워지는 정원을 보고 섰노라니 호랑나비 한 마리가 눈에 띄었다. 올 들어 세 번째 보는 나비다. 한 번은 민들레와 놀던 노랑 나비이고 또 한 번은 찔레꽃과 놀던 흰 나비였다.

재작년에 정원의 병든 잔디를 바꿀 때 새로 들어온 잔디를 따라 여러 마리의 메뚜기와 방아깨비가 따라왔었다. 꽃에 끼는 진딧물에 담배꽁초를 우려낸 물을 뿌려주면서도 파리약 한 번 쓰지 않았건만 작년엔 그 수가 줄더니 올해는 한 마리도 보이질 않는다. 뿐만 아니라 꽃에 찾아드는 벌과 나비들도 줄어든 듯하다. 이런 저런 공해 탓일 게다. 뜰에 피는 꽃들도 적적하리라. 겉모양만 화려할 뿐 속앓이를 하고 있을지도 모른다. 이런 뜰에 호랑나비가 찾아든 것이다.

나무들 사이를 기웃거리던 호랑나비가 내 곁에 있는 귤나무로 날아온다. 한참을 이리저리 살피더니 가지에 앉아 새로 핀 잎의 가장자리에 꽁무니를 대고 작은 구슬을 하나 붙여놓는다. 그러고는 날아가 근처에 있는 나무들을 둘러보고 다시 와서 조금 전과 같은 동작을 되풀이하더니 또 구슬 한 개를 붙여놓는 게 아닌가. 또 한 번, 더 많은 알을 놓겠거니 싶어 기다리고 있는데 호랑나비는 뜰을 한 바퀴 돌더니 멀리 날아가 버린다. 짙은 보랏빛 바탕에 붉은 점이 찍힌 널따란 날개를 가진 호랑나비다.

귤나무래야 키가 두 자 남짓한 분재다. 지난 가을에 이웃집에서 기르기가 주체스럽다며 보내왔기에 월동을 시킨 것이다. 월동 중 실온이 너무 높았던지 때 아니게 꽃을 피우고 잎을 떨어뜨리기에 서둘러 시원한 통로에 내다 놓고 조마조마 봄을 기다렸는데 새로 잎이 돋고 꽃도 몇 송이 피웠다. 호랑나비도 이런 귤나무의 능력을 가늠했음인지 알을 세 개만 놓고 갔다. 호랑나비 애벌레 세 마리쯤은 먹여 살릴 만 할 것도 같다. 그러나 다음에 귤나무의 꼴은 어찌 될까. 알에서 깨어난 애벌레를 잎이 무성한 다른 나무로 옮겨주어야겠다는 생각을 했다.

그러던 것을 까맣게 잊고 있다가 어제 오후에사 생각이 떠올라 가보니 애벌레 한 마리가 눈에 띈다. 다른 가지의 잎에도 벌레 먹은 자국이 있고 애벌레가 뽑아낸 거미줄 같은 것에 벌레 똥이 붙어있을 뿐 애벌레가 더는 보이지 않는다. 사흘 전에 진딧물이 잔뜩 낀 장미에 파리약을 뿌렸던 기억이 난다. 그때 다른 꽃나무들의 가녀린 가지에도 뿌렸는데 이 귤나무에도 손이 갔던 것 같다. 무심결에 실수를 한 것이다. 어미호랑나비가 알면 어떤 심정일까. 내 앞에서 알을 슬어 놓고 마음 편히 날아갔을 건데…….

남아있는 한 마리라도 잘 길러야겠다. 살아남은 놈은 귤나무의 연한 잎을 갉아먹고 있다. 좀 더 자라 식성이 좋을 때쯤이면 다른 나무로 옮겨 호랑나비가 되게 해야지… 어떤 나뭇잎이 이 애벌레의 입맛에 맞을까를 궁리해 본다. '올챙이 일기'를 쓸 적, 누에치던 추억을 떠올리면서…….

오늘 아침 또 가보았을 때엔 애벌레가 꼼짝도 않고 있기에 누에처럼 잠을 자고 있는 줄로 여겼다. 점심때에 다시 가보았다. 심상치 않아 건드려보니 움직이질 않는다. 죽은 것이다. 파리약이 묻은 잎을 계속 먹었으니 견디어낼 재간이 없었을 게다. 호랑나비 누에치기는 글러버린 것이다.

누에치기!, 지금도 농촌에 가면 간혹 뽕나무밭이 눈에 띄긴 하나 예전처럼 봄 누에春蠶, 가을누에秋蠶를 치는지 모르겠다. 누에가 잠을 잘 때면 어머니는 사립문에 금줄을 치신다. 누에는 깨끗한 공기, 온습溫濕이 알맞은 환경이라야 병 없이 자란다. 농가의 두엄 냄새마저도 싫어한다. 잠자는 누에는 숨결이 스치는 작은 충격이라도 있으면 머리를 곧게 쳐들고 자다가도 일제히 고개를 흔든다.

뽕 누에는 뽕잎만을 먹고 아주까리누에는 아주까리 잎만을 먹는다. 누에는 먼지 낀 것, 때가 묻은 것을 먹지 못한다. 뽕밭 근처에서 날아온 거름 냄새를 맡은 뽕잎만 먹어도 병이 날 정도로 정갈한 성미를 지녔다. 그러기에 뽕잎이나 아주까리 잎만을 먹고도 비단실을 뽑아내는가 보다.

맑게 늙은 누에를 섶에 올리면 고치(집)을 짓는데 어쩌면 그렇게도 열심인지 모르겠다. 서두르지도 않고 쉬지도 않으며 고개를 이리 두르고 저리 두르면서 비단실을 뽑아 고치를 만든다. 고치는 누에의 독실선방獨室禪房인가. 시끄러운 세상과 단절을 하고 단식기도라도 하는 것일까. 애벌레 때 네 번이나 탈피를 하고도 고치 속에서 또 두 번의 탈바꿈을 하고서 나방이 된다.

나는 여러 가지 음식들을 섞어 먹고 살았다. 먹고 싶어서도 먹고 먹기 싫어도 먹고 온갖 공해 물질을 먹고 마신 잡식성이라고나 할까. 내 나이 십년씩을 누에의 한 잠蠶齡에다 맞추어 본다. 넉 잠을 잔 누에는 나의 불혹不惑의 시기쯤에 해당되리라. 늙은 누에가 비단실로 고치를 짓고 그 안에서 번데기로 될 때를 지명知命, 번데기가 다시 탈을 벗고 나방이 되는 때를 이순耳順에 맞대어 본다.

이순을 맞은 나는 무슨 실을 뽑아 어떤 고치를 짓고 얼마만한 날개를 달고 있는가. 지난 일들을 되돌아보고 몸을 훑어보고 마음을 더듬어 보아도 날개는커녕 비단실도 그런 고치도 없다. 실 토막들만 어지럽게 널려 있음을 본다.

어릴 적 나는 명주실을 뽑는 어머니 곁에서 헤아릴 수도 없이 많은 번데기를 먹으며 자랐다. 누에가 먹는 뽕, 그 나무의 열매(오디)도 많이 먹었다. 누에가 자라는 동안에 허물을 벗으면서 나방으로 변신해가는 것을 많이 보았다. 그러나 나에겐 어떤 변신이 있었는가. 이 나이에 누에치기의 추억에 잠김은 웬일인가.

비록 토막실들밖에 남겨놓은 것이 없지만 그것들이 나에게는 소중한 의미를 지녔다고 생각된다. 앞으로 나는 그런 토막실들을 가지고라도 내 '자화상'의 무늬를 정성을 다해 엮어볼 생각이다.

(1993)

무릇에 얽힌 추억

한 삶에 젊음을 두 번 누릴 수 있다는 것은 참으로 좋은 일이다.

진시황은 불로초를 구하려고 애를 썼으나 뜻을 이루지 못했다. 요즈음에도 몸에 좋다면 그 종류의 동식물이 수난을 겪는다. 수입이 어려워질 호골虎骨 값이 오를 것 같다. 이런 데에 쓰이는 돈이 얼마나 될까. 돈이란 놈들이 웃을 거라는 생각을 하며 뜰에 피어 있는 무릇 꽃을 보고 있다.

고향의 풀밭에서 옮겨다가 뜰 한켠에 심어 놓은 무릇과 까치무릇이다. 무릇을 천산天蒜이라고도 하고 전도초剪刀草, 홍거興渠, 면조아綿棗兒라 하는가하면 까치무릇山慈姑과 비슷하다 해서 야산자고野山慈姑라고도 한다.

어린 시절, 고향마을의 들머리에 우리 집이, 그리고 한 집 건너에 선 머슴애 같은 여자아이 감례 네가, 바로 다음에 충윤

네가 살았었다. 감례는 나와 동갑나기로 이재종 동생뻘이고 충윤이는 두 살이 아래이긴 하나 초등학교에 셋이서 같은 해에 입학을 했다. 대여섯 살 무렵쯤일까. 틈만 나면 셋이서 소꿉놀이를 했던 기억이 난다. 나는 바로 위로 누님이 셋, 충윤이는 누님이 둘, 감례는 딸 다섯 형제 중 가운데다. 그런 틈에서 자랐으니 여자아이들이 즐기는 소꿉놀이부터 배운 것이다.

참꽃인 진달래가 지고 '개꽃'이라고도 부르는 철쭉이 필 무렵 할미꽃과 무릇은 더없는 소꿉질 감이었다. 무릇을 캐서 불에 살짝 구워내 부드러워진 잎을 댕기머리로 땋아 쪽을 지어 비녀를 꽂아 놓고 할미꽃으로 만든 족두리를 머리에 씌운다. 꽂는다는 말이 맞을 게다. 여러 가지 풀잎과 꽃으로 음식을 만들어 사금파리에 담아 잔치 상을 차린다. 흙으로 떡을 빚고 호박꽃의 꽃술은 촛불이다. 무릇 각시가 시집을 가는 날이라 서다. 그러면서 각시 자랑을 한다. 서로 제가 만든 각시가 예쁘고 잘 생겼다고 자랑을 하면서 놀던 추억은 한 폭의 그림이다.

그러나 그때 신랑은 어땠는지 기억이 나질 않는다. 제가 만든 무릇 각시가 더 예쁘다며 자랑을 하고 고집을 부리던 시절이 엊그제 같건만 정작 장가를 든 뒤로는 각시 자랑을 할 줄 모른다. 나와 충윤이는 사내라서 그렇다 치더라도 갑례라도 각시 대신 서방님 자랑이라도 했으면 좋으련만 그렇지가 않다. 우리네 세대가 그런 세대이던가. 서양에서는 무릇의 꽃말을 '자랑'이라 하고 있다.

풀밭을 비집고 자라나는 쑥이 수난을 겪던 일제 말, 우리들의 허기를 면하도록 해준 것이 무릇이었다. 봄이면 아낙네들은 서둘러 밭에 나가 씨를 뿌리고 나서는 산과 들에서 나물을 캐 오는 일이 큰일이었다. 쑥이나 산나물이 질겨지면 무릇을 캐러 다녔다. 우리 집에서는 세 형님 중의 한둘은 집에 있었기에 심한 농사일이나 땔나무는 집에 있는 형님들이 하지만 봄에 나물 캐고 가을에 도토리 줍는 일만은 형수님들 몫이었다. 어머니와 세 누님이 '몸뻬'라는 것을 입고 산을 헤매지 않은 것은 건강한 형수님들 덕분이었다. 세 형수님이 거두어 오는 것들은 산나물이건 도토리건 혼잣손의 여섯 배도 더 되었을 것이다. 셋의 힘이 모아진 데도 있겠으나 아버지 어머니 그리고 세 누님과 내 몫까지도 있어야 했기 때문이다.

머리에 이기에는 힘에 겨우리만큼 자루 가득히 캐온 무릇을 잎은 따로 떼어 삶아 말렸다가 장아찌감으로 쓰고 잔뿌리를 다듬어낸 비늘줄기鱗根는 큰 가마솥에 넣고 끓인다. 여기에 쌀뜨물이나 쌀가루, 좁쌀가루 등의 곡기를 조금 넣고 싱아(싱검)를 넣는다. 무릇 특유의 냄새와 맛을 완화시키기 위해서다. 약한 불로 오랫동안 고다 보면 경옥고瓊玉膏 같이 된다. 천산고天蒜膏라 할까. 아니면 '무릇고'라 할까. 항아리에 넣어 두고 몇 수저 떠내서 물에 녹여 마신다. 한약 냄새가 나면서 달보드레한 것이 요기가 된다.

어떤 집에서는 무릇에 곡기를 섞어 끓인 무릇 죽을 쑤어 먹기도 하나 무릇고와는 맛이 다르고 오래 보관을 할 수가 없다. 어머니가 만드시는 무릇고는 싱아를 넣는 것 말고도 다른 비법이 있었는지도 모르겠다. 이웃들에게 한 사발씩 돌려지는 진품珍品이었다.

내 뜰 한켠에 싱아도 심어 놓았다. 무릇 한번 바라보고 싱아 한번 바라보면 어릴 적에 먹었던 무릇고 맛이 혀끝에 돌고 향기가 코끝을 간질인다.

무릇이 강장强壯, 강근强筋, 건뇌健腦, 강심强心의 약효가 있음은 나이 들어서 알게 되었다. 그러고 보니 우리 집 식구들은 일제 때에도 영양실조에 걸리거나 정신이 어찌 되지도 않았다. 심장마비를 일으킬 만한 고비가 많았는데도 무사했던 것은 무릇의 덕이 컸을 거라는 생각을 해본다.

연약한 무릇의 그 몸에 어쩌면 그렇게 강强하고 건健한 힘이 있을까. 부드러운 것이 강하다는 말이 여기에서도 통하는 것일까. 마늘蒜이 몸에 좋다는데 무릇은 글자 그대로 천산天蒜이라서 그럴까. 웅담이나 곰 발바닥이 아니더라도 호랑이 뼈가 없더라도 무릇이 대신하리라는 생각을 해본다.

무릇은 백합과의 여러해살이 풀이라 비늘줄기로 겨울을 견디며 포기를 늘여가고 씨로도 번식한다. 봄에 돋은 예닐곱 개의 댕기 모양의 가는 잎은 부지런히 일을 해서 먹고 살 양분을 갈무리해 놓은 다음에는 휴가라도 다녀오는 것일까. 한여름엔 자취를 감추어 버린다. 그러다가 초가을에 꽃대가 올라올 무렵이면 다시 도톰한 두 장의 가을 잎이 돋는다. 봄 잎은 일꾼이요 농사꾼 격이던가? 그러고 보면 무릇은 한 삶에서 청춘을 두 번 누리는 셈이라고나 해야 할 것이다.

비늘줄기 하나에서 한 자 안팎의 꽃대를 뽑아 올려 이삭 모양으로 분홍빛의 작은 꽃을 아래로부터 차례로 피운다. 꽃잎이 여섯 장, 수술 여섯 개, 암술이 한 개다. 작은 꽃잎을 제쳐 보면 뒷면의 끝부분 가장자리에 파란 점이 하나씩 찍혀 있다. 무릇 꽃이 숨겨 놓은 '차밍 포인트'다. 봄 잎이 입이라도 맞춘 자국일까.

뜰에 빈틈만 있으면 무엇이든 심고 보는 나에게도 어딘가에 무릇 꽃의 파란 점과 같은 것이 있을 성싶다. 농사꾼의 흔적으로.

(1994)

할아버지 뵙던 날

어린 시절을 할아버지와 할머니의 품에서 보낼 수 있다는 것은 참으로 복 받은 일이다.

어릴 때 영정影幀으로 할아버지를 한 번 뵈옵고는 이 나이에 들어 두 번째로 뵈옵는 나 같은 사람도 있으니 말이다.

중학교 1학년 여름 방학 때 큰형님(큰사촌형님, 할아버지의 큰손자님)께 가승家乘 공부를 하러 다닌 적이 있었다. 예禮에 밝으신 큰형님은 엄하기로도 인근에 알려진 분이셨다. 웬만한 젊은이는 가까이 가는 것조차 두려워하는데도 어린 나에게 혼자서 큰형님을 찾아가 가승 공부를 하도록 이르신 어머니의 심중을 헤아리게 된 것은 철이 든 후이었다.

인명人名과 연대年代를 외우는 것이 서툴러서 역사과목 시험 때마다 곤혹스럽던 내다. 조상의 휘諱며 호號를 순서에 따라 기억하기를 즐겨할 리 없다. 징검다리 건너듯 배운 역사 실력에다가 한자漢字로 빽빽한 족보族譜의 내용을 어찌 다 이해할 것이며 흥미를 느꼈겠는가. 어쩌다 곁들이는 선인들에 얽힌 일화가 귀를 솔깃하게 할 때도 있긴 하나 야사野史 · 야화野話를 들려주실 큰형님이 아니시었다.

그러던 중 이래저래 답답하던 어느 날, 어머니께 할아버지 사진이라도 보고 싶다고 했더니 큰형님한테 예쁘게 보이면 할아버지 영정을 뵈올 수 있을 것이라는 말씀이었다. 이순耳順의 큰형님께서 어린 사촌의 청을 어찌 들어 주지 않으시랴 싶어 큰형님께 할아버지를 뵙고 싶다고 말씀을 드렸더니 그 동안 배운 것을 잘 알고 있으면 할아버지를 뵙도록 해주시겠다는 조건이다. 예습에 복습을 거듭했던 공부이었으니 어려울 게 없었다. 다음날 나를 시험해보신 큰형님께서는 다락에서 두루마리를 꺼내 먼지를 털고 영정을 펴서 벽에 걸더니 절을 하시려면서 나더러도 인사를 드리라는 것이다. 그래서 나도 형님을 따라 두 번 절을 했다. 그런데 어찌 된 일인가. 큰형님이 고이 간직하며 제사 때도 모시지 않던 초상화의 하반신 부분이 잘려나간 것이다. 이유인즉 친구 분께서 그려 보내신 초상화를 보신 할아버지께서 당신은 교의交椅에 앉을 인물이 아니라시며 손수 잘라 버리셨다하신다. 교의의 윗부분만이 남아있는 상반신의 초상화에서 할아버지를 읽고 있는데, 창 밖에서는 비가 주룩주룩 내리고 있었다.

고향집 마루에서 보이는 안산案山 주걱 날이 곧 금강錦江 상류 정자천程子川 기슭이다. 거기 잔디밭에 할아버지 산소가 있는데, 홍수 때도 물이 피해 가는 명당明堂이라는 이야기를 들은 적이 있었다. 몇 해 전, 홍수가 났을 때 붉덩물이 마을 앞에 들을 쓸고 간 뒤에 성묘를 간 적이 있었다. 주변 덤불에는 물이 훑고 간 흔적들이 역력한데도 산소에는 물길이 닿은 흔적이 보이질 않는다. 믿기지 않는 일이었다. 노령蘆嶺의 영봉 운장산雲藏山 정기가 이곳에 모여서일까. 명당이라는 할아버지 산소 근처는 내 유년의 놀이터요 일터였다. 봄에는 할아버지 산소 뒤쪽 산에서 진달래꽃을 따먹으며 놀고 가을에는 머루와 다래를 따먹으며 놀았는가하면, 산소 앞 정자천에선 미역을 감고 다슬기를 줍고 물고기를 잡으며 놀았다. 고향집 안방 마루에 서서 보면 할아버지 묘소가 바로 바라다 보인다. 어찌 생각하면 나는 할아버지의 품안(정원)에서 뛰어놀며 자란 셈이 된다.

19세기(1834~1896)를 사신 할아버지께서 이곳에 자리를 잡으신 지 올해로 94년째이며, 내가 초상화로 뵈온 지 40여 년이 되었다. 오늘은 용담龍潭 댐 공사로 고향이 수몰되겠기에 할아버지 유택幽宅을 옮겨 드리려고 온 것이다. 내게로 9대조와 8대조가 계신 선산先山 국사봉國士峰 중턱에 댐의 만수위선滿水位線을 가늠하여 새로 마련한 고조부와 증조부의 유택 곁으로 할머니와 함께 모시려는 것이다. 할머니께서는 고향집으로부터 반 마장 쯤 되는 초등학교 옆 매선바우 위쪽 양지바른 잔디밭에 계셨다.

내가 두 번째로 할아버지를 뵙게 된 날인 오늘-1999년 4월 19일(陰 己卯 三月 初 四日 申時) 주과포酒果鮑를 진설하고 고축告祝을 할 때는 콧노래 부르며 홍얼홍얼 흐르던 정자천 여울물도 흐름을 멈추는가 싶더니 황토문黃土門 열자하니 어린 나의 지난 세월이 바람인 듯 스쳐간다.

육신은 지 · 수 · 화 · 풍地水火風으로 돌려보내시고 유골만 일지라도 황금빛으로 한 낱의 흐트러짐이 없으시다. 생존 시의 반듯하심을 그대로 보이시는 것일까. 이 어린 손자에게나마 흐트러진 모습을 보이고 싶지 않으셨던 것일지도 모른다. 이토록 반듯한 모습을 보이심은 할아버지의 뜻이었으리라는 생각을 해본다. 할아버지께서 누워계셨던 자리가 정자천 수면보다 낮고 물과는 아주 가까운 곳인데도 물이 스며들지가 않았다. 할아버지가 누우셨던 그 자리에 나도 반듯 누어본다. 상큼한 흙냄새가 맑고 시원하게 가슴을 채우면서 쌓였던 피로를 말끔히 가시게 하는 것 같다.

사립 들어 황토문 열고 조심조심 찾아든다
영정으로 뵙던 모습 할아버지 백 년 세월
흙살에 누우신 몸이 금빛으로 환하시네

벼슬길 멀리하신 눈빛 맑은 할아버지

살결도 목소리도 재우신 탈화脫化의 몸
손자의 이 어린 손길 닿는 줄을 아실까

당신의 황토방에 나도 반듯 몸을 뉘어
이르신 그 말씀을 흙냄새로 세워본다
눈감고 하늘을 본다 물소리를 듣는다.

이토록 편안할 수가… 지는 해를 붙들 수만 있었더라도, 아니 동행들의 재촉만 없었더라도, 나는 19세기의 넉넉하고 포근한 황토방-할아버지의 품속에서 어둠이 깔리는 것도 모른 채 꿈을 꾸고 있었을 것이다.

(1999)

'에비'의 땅 일본에 백제가

일본 속 한국역사 문학 기행 차 오사카공항에 도착하여 대기하고 있는 전세버스에 올라 나라奈郎로 향했다. 사계의 전문가 홍윤기 박사의 안내를 받으며 찾아간 곳은 세계에서 가장 큰 금동불상이 있고 백제인 행기行基(668-749) 큰스님과 신라의 심상 대덕審祥大德(8세기) 등의 대가람이며 고구려 출신의 조궁장관造宮長官인 고려복신高麗福信(709-789)이 건설했다는 도다이지東大寺를 비롯해 돌아오는 날까지 우리와 연관된 14개의 유적을 답사했다.

그러는 중에 역사학자 이노우에井上滿郎 교수의 특강을 듣고 교도대학 명예교수이며 와까和歌 가인歌人인 우에다上田正昭 박사도 방문했다. 인자한 교장선생님 풍의 우에다 박사는 칠지도七支刀와 왕인王仁 박사에 관하여도 연구研究했다면서 일본 최

초(서기 815년)의 황실 계보인 신창성씨록新創性氏錄 필사본을 보여주면서 일본의 역사적 진실을 밝혔더니 요미우리신문에서 격렬한 논쟁이 벌어지고 때로는 협박을 받은 일도 있었단다.

일본 간무천황桓武天皇(781-806)의 모후가 백제 무령왕武寧王의 직계손이고 황실 제사에 한신韓神이라는 축문과 한신무韓神舞도 있고 시고꾸四國의 미지마메이신三島名神은 곧 백제신을 말하는 것이며 일본은 역사적 사실이 더 드러나는 것이 두려워 아스카飛鳥 유적 발굴을 꺼리고 있다고도 일러준다. 비록 모든 것을 다 말하지는 못했을 것이나 이심전심 많은 것을 생각하게 해준 것이다.

그 다음으로 찾아간 곳이 귀 무덤이었다. 풍신수길(도요도미히데요시)의 사당 앞 길 건너 자그마한 미미스카고엔耳塚公園 옆에 있는 사다리꼴의 동산이다. 그 인조 산의 정수리에 복련석조물復蓮石造物이 앉아있다

우리 일행이 도착하자마자 당년 94세의 노옹 시미즈淸水四郎씨가 향과 초를 들고 나와서 우리를 안내한다. 그는 아버지 대로부터 귀 무덤을 모셔온 복으로 자기가 장수하는 것이라 믿고 있다며 "죄송하다"는 말을 거듭한다. 풍화된 석비石碑에서 풍공의 성덕지유산豊公の 盛德之遺產 어쩌고 하는 글귀를 읽을 수 있었다. 우리를 뒤이어 수학여행을 온 포항고등학교 학생 400여 명이 경내로 들어서고 있었다. 코앞에 귀 무덤을 두고 있는 풍신은 밤마다 어떤 꿈을 꾸고 있을까?

우리말에 '에비'라는 말이 있다. 정유재란 때에 조선에 출병된 왜병들이 싸우려고 하지 않자 풍신수길이 조선병사의 귀나 코를 베어오면 조선인을 노예로 팔 수 있도록 하겠다며 꼬드겼단다. 그러자 왜병들이 조선 사람들의 귀와 코를 닥치는 대로 떼어 소금에 절였다가 보내면 '풍신'이 됫박으로 되어보고 수령증受領證을 해주었다던가. 그 수령증이 지금도 남원에 있다고 한다. 그 무렵에 코를 떼인 사람들이 내 코! 내 코! 하고 아우성치던 아비我鼻라는 말이 변형되어 "에비"가 되었단다. 귀 무덤을 보고 나와 점심을 먹으려고 식탁 앞에 앉았으나 그동안 잘 먹었던 일본 음식이 맛이 없다. 입맛이 천리나 달아난 것이었을까.

돌아오려는 날 찾아간 신라신 사당 카라구니신사辛國神社 입구에서 메이지천황明治天皇의 시를 볼 수가 있었다. "우리나라는 신神의 옷소매 같은 것. 신은 옛날의 손 결, 잊지 말라 꿈을 /우리들의 씨신氏神 신국辛國 대신大神의 가호로 행복한 나날을 보내고 있느니"라는 내용이다.

신국辛國(가라구니)을 신라新羅로 알 사람이 몇이나 되랴? 며칠 동안 여러 곳을 답사했으나 어느 곳에서도 조선이라거나 백제며 신라 그리고 고구려라는 문구를 찾아볼 수가 없었다. 철저히 숨기고 가려놓은 역사요 문화이고 유산이다. 그 뿌리를 감추어놓고는 자기류의 해설을 늘어놓았을 뿐이다. 이런 문화권에서 태어나고 자란 일인들이고 보면 그 행실이 어떠할지 짐작이 가고도 남는다. 역사는 붓으로 쓰는 것이 아니라 진실로 쓰는 것이라는 말을 새삼 생각해보게 했다.

일인들은 모방의 명수이고 갈아 맞추기摺合의 명수요, 의미부여意味賦與의 명수이기도 하다. 나무 가꾸기를 나무 만들기(木つくり)라고 표현한다. 살아있는 나무를 자르고 비틀어서 제 취향에 맞도록 모양을 만들어낸다. 같은 맥락일까 역사 왜곡에도 명수가 된 일인들이다. 얼토당토 않는 날조를 해놓는 버릇 말이다.

그들이 한반도를 손에 넣지 못해 안달을 했던 것은 저들이 신격神格으로 모시는 천황가의 뿌리가 한반도에 있었고 저들 문화의 뿌리가 있던 땅이라 욕심이 났던 것일까? 그러나 그런 일들은 그들의 망상이었을 뿐, 그 끝엔 그들에게도 쓰라린 고통이 따랐었다. 임진왜란의 결과가 그랬고 일제 36년의 결과가 그랬다. 그런 짓거리들은 그들이 신격으로 모시는 천황가에 대한 불충이고 신의 섭리에 어긋나는 짓이 어찌 아니겠는가. 메이지의 시를 보더라도 말이다.

일본의 글이나 전통 시가詩歌인 와까和歌가 백제인 왕인 박사의 가르침 덕이라 했다. 일본이 세계 제2차 대전 후 패전의 고통을 겪으면서도 다시 일어선 것은 그들의 와까와 하이꾸排句가 일본 혼魂을 불러 깨우게 한 덕이라 한다. 일본에서 귀족은 와까를 평민은 하이꾸를 즐겼다 하던가.

빗나간 삼국통일의 아픔을 보고 온 것도 같았다. 나당 연합군의 말발굽에 밟혀버린 백제문화가 '에비'의 땅 일본에 살아 있음을 어찌 보아야 할 것인가.

(2007)

눈이 오는 토요일

암죽

고란초의 흔적

할아버지와 수염

벌들의 전쟁

다슬기 파티

달을 보면

아버지의 논과 밭

눈이 오는 토요일

밤사이에 눈이 내렸다. 이렇게 신비롭고 깨끗한 아침을 만들기 위해 어젯밤은 그렇게 고요했나 보다. 이런 밤에 나는 어찌 꿈마저 꾸지 못했을까.

어릴 적 같으면 뛰어나가 눈꽃을 만져보고 입김으로 불어도 보았으리라. 입 안 가득 눈을 먹어도 보다가 눈사람을 만드느라 법석을 떨었겠지. 눈 위에 유년의 그림을 그려본다.

바람이 정원의 눈꽃을 흔들지 않고 햇볕이 눈을 녹이지 않았으면 좋겠다.

괘종시계가 일곱 점을 친다. 출근 준비를 서둘러야 할 때다. 카메라에 설경雪景을 담아놓고 대문을 나서면서 뜰의 눈을 쓸지 말라는 당부를 한다. 나에게 이런 감상感傷이나마 남아 있다는 게 그나마 다행인지도 모른다.

오전 근무를 마치고 교외에 있는 결혼식장을 찾아가는 길이다. 염화칼슘으로 눈을 녹여 질퍽해진 도심 길을 막 벗어나려는데 아침에 그쳤던 눈이 다시 내리기 시작한다.

남태령 고갯길을 하나 넘으니 앞이 훤하게 트이면서 벌판이 펼쳐진다. 하나같이 눈으로 덮인 들과 산, 평화로운 마을이 아름답게 다가온다.

차를 세워두고 눈 위를 걷고 싶다. 눈 사진을 찍고 달리고 뒹굴어볼까. 눈사람도 만들고 눈싸움도 해볼까. 눈보라를 피우면서 실컷 웃어라도 보고 싶다.

이런 날이면 함께 걷고 싶은 사람이 있다. 첫눈이 내리는 날 토요일 오후 세 시쯤이면 더 좋을 것이다. 그 많은 시간 속에서도 엽서 한 장 띄우지 않으면서 안부가 궁금한 김양이다. 추억 속의 김양은 늙을 줄을 모른다.

며칠 전에 올해 들어 처음으로 눈발이 얼핏 비치긴 했으나, 어젯밤부터 내리기 시작하여 지금까지 이어지는 눈을 첫눈이라 하고 싶다.

첫눈! 첫눈이 내리는 날에는 기다리던 편지가 오지 않아도 좋다고 누가 말했던가. 눈송이가 곧 편지요 주고받는 엽서라고… 잠을 못 이루는 밤을 맞는 날이다. 그래도 잠이 들면 꿈을 꿀 것이다.

함박눈이 내리고 있는 동구 밖, 하얀 길이 열려 있는 소나무숲 초입에 서 있는 두 그루 다복솔 옆에서 그를 만난다.

한동안 아무 말도 못하고 바라만 보다가 누가 먼저 발을 내어 디뎠는지도 모르고 걷기 시작한다. 걷다가 이야기가 시작되고 이야기를 나누다보니 언젠가 걸어본 적이 있었던 것 같은 착각을 하기도 한다.

발자국이 나란한 뒤를 돌아다보고는 걸어온 길이 꽤 된다는 것에 스스로 놀라 얼굴을 마주보면서 미소를 짓는다. 낯선 길이긴 하나 두렵지 않은 길이다. 내 이름도 그의 이름도 잊혀지는 순간이다.

걷다가 뒤를 돌아다보곤 미소도 짓고 놀라기도 한 일이 몇 번인가 반복된다. 머리와 어깨에는 하얀 눈이 덮이고 손끝이 조금은 시리다. 서로의 손끝 온도를 가늠해본다. 친숙해진 사이가 되고 발은 눈을 신었다.

산기슭, 소나무는 눈을 이고 나무들은 눈꽃을 피운 채 길옆에 서 있다. 눈이 덮인 실개천엔 그 밑으로 맑은 물이 흐른다. 키 큰 나무 위에는 까치집이 얹혀 있고, 덤불에서 들새 몇 마리가 꽃가루를 날리며 날아간다. 저만큼 눈 위에는 사슴 한 쌍이 서 있다.

높낮이가 있고 넓기도 하고 좁기도 한 길. 반듯한가 하면 구부러지기도 한 길, 걸어온 발자국이 보이기도 하고 보이지 않기도 하는 그런 길. 어쩌다 미끄러질 뻔도 넘어질 뻔도 하면서 걷는 길이다.

얼마나 걸었던가. 산장의 연통 위로 하얀 연기가 모락모락 피어오른다. 머리 위에 앉은 하얀 눈, 어깨와 등에 얹힌 눈을 털면서, 서로 털어주기도 하면서 산장 안으로 들어선다.

훈훈한 실내, 맑은 눈을 가진 소녀가 차 두 잔을 받쳐 들고 온다. 난로의 훈기와 따끈한 차 몇 모금이 몸과 마음을 녹여준다.

추운 줄 모르고 걸어온 길, 즐거움도 아찔했던 순간도 차향과 함께 가슴으로 번진다. 피로를 잊은 얼굴에는 볼그레 생기가 돌고.

눈이 내리는 순간은 환희의 순간이다. 조용한 축제다. 하늘과 땅의 속삭임만이 들리는 순간이다. 속세의 잡음도 걸러주고 막아준다. 하늘의 꿈을 땅 위에 펴보려는 것일까. 순백의 꿈을, 눈은 슬픔을 모른다.

눈은 너울너울 춤을 추면서 땅으로 내려온다. 하늘은 우리에게 이런 멋과 기쁨을 가르치려는 것인지도 모른다. 눈이 내리는 날에는 마음도 포근하고 넉넉해진다.

눈이 있기에 겨울이 아름답고 겨울을 견딘다. 먼지 낀 거리, 앙상한 잿빛 계절을 덮어주고 다독인다. 눈은 어머니의 활줄에서 피어나는 솜인가.

눈은 하늘의 선물이요, 사랑이요, 은총이다. 비록 어설픈 몸이라 해도 이런 날에는 영혼에 때가 묻지 않은 사람과 함께 눈 속을 걷고 싶다.

차창 밖의 설경은 나를 부르고 눈송이는 차창에다 수繡를 놓는다. 지우개가 차창의 눈을 지워도 지워도 수를 놓는다.

(1995)

암죽

토실토실한 아기가 재롱을 떨며 걸어 나온다.

어느 분유회사의 분유가 아기의 발육에 좋다는 텔레비전 광고장면이다. 엄마의 멋진 몸매를 위해서라도 젖을 빨리지 않는 것이 좋단다. 그런 연유로 아기에게 분유를 먹이는 엄마가 많다고도 하던가. 그러면서도 아기의 정서발달을 위하여 품에 안고 손을 만져 주어야한단다.

사랑하는 아기에게야 소젖이 어찌 엄마의 젖만 하랴. 엄마의 체액(침)으로 쑨 암죽만 하랴. 한때는 우유만능인가 싶더니, 요즈음엔 '엄마 젖먹이기 운동'이 전개되고도 있단다. 이제부터라도 무엇인가 제대로 되어가려나 보다.

예전에는 결손가정에서 망나니가 나온다고 하더니, 이제는 소년 범죄의 80퍼센트가 정상가정 출신이며 그 중 강력범이

67퍼센트란다. 며칠 전엔 우리 동네에서도 십대들의 끔찍한 범행이 있었다는 소문을 들었다. 사람의 몸에서 태어나 사람의 젖을 먹고 자란 사람의 자식으로서야 어찌 그럴 수가 있을까. 고개가 갸우뚱해진다. 동물의 젖을 먹고 자란 탓일지도 모른다.

어찌 보면 현대인은 피상적 편의주의에 사로잡혀 산다. 사랑하는 아기에게 동물의 젖을 먹이면서도 아무렇지도 않게 생각하고 있다.

귀여운 아기를 '시멘트' 속에 가둬두고 '플라스틱' 장난감 속에 묻어둔다. 텔레비전 화면에서 봄을 보고 여름을 배우고 가을을 느끼며 겨울을 알게 한다. 멋도 생명도 없는 사계절을 안겨준다. 아기들이 딱하지 않은가.

물소리 · 바람소리 · 새소리는 태초의 노래이고 자연의 속삭임이다. 산과 물, 풀과 나무와 돌들은 그림이고 자연이 만들어낸 창조물이다. 하늘의 조화와 계절의 변화는 사람을 제대로 자라고 철들게 한다.

어머니의 태속은 태고 적 자연이다. 아기는 열 달 동안 엄마의 체액 속에서 그 냄새와 심장의 고동에 익숙해진다. 인간이 최초로 느끼는 향기요 음악이고 율동이다. 아기의 몸에는 엄마의 그것과 똑같은 체액이 흐른다.

아기가 태어난 후, 엄마의 가슴은 제2의 태속이다. 가슴에서 흐르는 젖을 빨고, 사랑을 빨고, 정을 빨고, 믿음을 빤다.

빨고 빨아도 젖이 나지 않으면 울어댄다. 배고픔의 호소이고 사랑의 갈구이다. 아기는 동물의 젖이 아닌, 엄마의 체액(젖)을 찾아 우는 것이다. 이런 아기에게 소젖을 먹이다니… 아기를 속여 가짜 젖을 먹이는 것이다. 천진난만한 아기는 이때부터 어른들의 속임수에 빠져드는 것이리라.

엄마 젖에 흡족해진 아기는 해찰을 한다. 엄마 얼굴 한 번 바라보고 주위 한 번 바라보며, 엄마의 얼굴과 눈에서 사랑과 믿음을 읽는다. 눈과 눈의 교감이다. 예쁜 손으로 엄마의 젖가슴을 어루만지는 것은 살과 살의 접촉이고 사랑의 교감이다. 눈을 감았다 떴다 한다. 사랑과 평화와 행복을 마음에 담는다. 해찰하는 아기는 얼마나 사랑스럽고 평화로우며 여유가 있어 보이는가. 생각하는 동물이 갖는 특유의 행동이다.

사람은 해찰을 할 줄 알아야 한다. 해찰할 줄 모르는 어른들의 삶이 얼마나 메마르고 고달픈가. 우유를 먹는 아기에겐 해찰할 여유가 없다. 열심히 먹기만 하면 그만이다. 우유로 배를 채우고 영양분을 공급받아 오동통 살만 찌고 키만 크면 되는 것일까.

사람이 흥분하면 '아드레날린'이라는 흥분소가 증가하듯이 젖을 먹이는 엄마의 사랑스런 마음이 하나의 흥분으로 작용하여 혈액 중의 어떤 물질에 변화를 일으키고, 이것이 젖을 통하여 아기에게 전달될 것이다. 이 물질이 곧 정신적 영양소인 마음의 씨心性素이리라.

아기가 벌레에 물리거나 피부에 이상이 생겼을 때, 침이나 젖을 발라주면 잘 낫는 경우가 많다. 엄마의 체액은 아기에게 중요한 저항력을 갖게 한다. 엄마의 마음 속 기원이 해독소를 생성하게 할 수도 있을 것이다. 이런 현상이야말로 생명체의 신비다.

통통히 불어 오르는 젖을 제쳐 놓고 소젖을 먹이는 신식 엄마들은 우습다 할지 모르지만, 옛날의 어머니들은 모자라는 젖을 암죽으로 대신하였다.

국어사전에는 암죽을 '곡식이나 밥 가루로 묽게 쑤어 어린 아이에게 젖 대신 먹이는 죽'이라고 풀이해 놓았다. 백과사전을 들춰보아도 내가 알고 있는 암죽과는 달리 설명되어 있다.

나는 어머니께서 손녀의 암죽 쑤시는 것을 거들어 드린 일이 있다. 마른 생쌀을 입 안에 넣고 알맹이가 없도록 잘 씹어서 질그릇(오무가리)에 넣어 연한 불 위에서 죽을 쑨다. 때로는 영양분을 보충하기 위해 밤이나 호도 · 잣 · 땅콩 등을 함께 씹어서 쑤는 경우도 있다.

딱딱한 쌀알을 씹으면 이가 아프다. 어머니께서는 오래오래 씹어서 많은 침으로 묽게 쑤어야 좋다고 하셨다. 그래야만 소화도 잘 되고, 침은 약이 된다고도 하셨다. 암죽은 고소하고 달다. 우유나 분유 맛은 저리 가라다. 침 속의 효소에 의해 전분질이 당화糖化되어 단맛이 난다. 정성이 섞여 들고 체액이 반 소화를 시킨 것이다.

나도 암죽을 먹고 자랐다고 들었다. 엄마의 젖 반, 암죽 반으로 자랐다는 것이다. 그래서인지 얼마 전에 만났던 안安 박사는 나를 가리켜 천부적 건강체라 하였다. 암죽 덕임이 틀림없을 것이라는 생각을 했다.

나이 들어서야 '암죽 쌀도 서 말'이라는 말뜻을 이해하리만큼 아둔한 나는 보릿고개 춘삼월 생이다. 보릿고개라는 것이 있던 시절이라 미역국도 넉넉히 못 드셨을 엄마가 생쌀을 씹어 암죽을 쑤지 않으셨더라면 어머니께서는 치아가 보다 더 튼튼하여 오래오래 사셨을 거라는 생각을 지워버릴 수가 없다. 내 생일이 가까워지고 있다.

(1988)

고란초의 흔적

딱딱한 블록이 깔려 있는 부소산을 오르면서 예전의 황토길이 좋았었다는 생각을 한다. 발바닥에 와 닿는 부드러운 감촉이 옛정을 불러일으키는 그런 길 말이다. 고란수를 나르던 백제 궁녀들의 치맛자락이 스쳤을 길, 삼천 궁녀의 눈물이 배였을 길이라지 않던가.

중턱 왼쪽의 서복사西復寺 옛 절터는 파란 잔디로 덮였다. 한 맺힌 풍경소리라도 달래주려는 것인가. 700년 백제의 넋이 쫓기던 날을 상상해 본다. 햇빛을 반사하는 나뭇잎이 살랑살랑, 나무 잎 사이로 나당연합군羅唐聯合軍의 말굽소리가 들리고 궁성을 태우는 불길을 보여주는 것도 같다.

서글픈 역사공부를 했던 기억이 살아난다. 계백 장군의 무용담도 듣고 김유신 장군의 공헌 담도 들었다. 어떤 아이는 김유신 장군을 숭배한다 하고 어떤 아이는 계백 장군을 숭배한다 했다. 나는 백제인의 후예도 신라인의 후예만도 아니다. 고구려의 얼까지 합쳐 있음을 어찌 부인하랴. 본디 하나인 배달의 자손이니…….

표정 잃은 낙화암에 손을 짚고 백마강을 내려다본다. 삼천 궁녀 간 곳이 어디냐 … 백화정 용마루가 밤낮으로 찾고 있는 것일까. 강물도 그냥 흘러가기가 아쉬운지 부소산 치맛자락을 붙들고 멈칫거린다. 백마강 물밑에선 모래알이 뒹구는데 강 위의 뱃전에서는 유행가가 헝클어진다.

무심無心이 유심有心이라던가. 누천년의 영화를 누리려던 백제 사직, 임금님의 어용수御用水를 나르던 길이 어찌도 이리 가파르고 험할까. 고란초 푸른 잎을 띄워 오랬다지만, 호통이 두려워 이 길을 오르내린 것일까. 일편단심 충성의 길, 그 고달픔을 말해주려는 전설의 길 같다.

바깥출입이 제한된 궁녀들에게 부소산을 오르내리게 한 백제왕의 멋(?)을 생각해 본다. 고란사에서 불공도 드리고 저 바위(낙화암)에 서서 백마강 강바람에 부모 형제에게 보내는 사연들도 실어 보냈으리라.

고란사皐蘭寺의 현판이 낯설지 않다. 절 마당을 양회로 맥질하고 절 집을 좌우로 늘려낸 것이 군더더기다. 예전에 보았던 고란초를 찾아 절 집 왼쪽으로 가려고 하니 늘려 지은 건물이 막아서고 오른쪽으로 돌아가니 어중간에서 블록 담이 가로막는다. 양회로 덧칠한 어용정이 옛 같지 않다. 관광객들이 줄을 잇는 어용정의 약수 바가지에 불이난다. 몸에 좋다는 약수다. 고란초의 넋이 녹아 든 물을 마시기 위해서다. 백제의 임금님께서 즐겼던 어수를 마시고 또 마신다.

고란초를 찾는 눈길이 멈춘 곳, 높다란 암벽에 분필로 그려 놓은 동그라미 안에 한 점의 흔적이 파르스름하다. 곁에 고란초라고 써놓지 않았다면 어느 누가 알아보랴.

지난 날 눈에 담아두었던 고란초를 표본삼아 더듬으니 어용정 바로 위 바위 틈에 고란초 잎들이 숨을 죽인 듯 조용히 앉아 있다. 그렇다면 저 암벽의 표시는 왜 했을까. 사람 손이 닿을 수 있는 곳에 간신히 목숨을 붙이고 있는 고란초에 철없는 손들이 가지 않도록 눈길을 멀리 돌리려는 속셈인가. 고란초의 흔적이라도 지켜야 하기 때문이리라.

절 집 뒷벽에 걸려 있는 액자들, 글도 있고 그림도 있다. 고란초 잎 세 개를 끼워 넣은 액자 하나에는 〈고란초의 독백〉이란 시가 적혀 있다.

양지도 그늘도 나는 싫어서
낙화암 바위틈에 끼어 살지만
고란사 종소리가 나를 달래고
넓은 땅 마다하고 숨어 있어도
못 잊어 찾아 주는 고란초라오

이 몸은 실낱 같이 갸냘프지만
눈서리 거친 바람 이겨 가면서
겨레의 흥망성쇠 지켜 봤다오
인정과 세태도 역역히 보며
앞뒤에 노란 점을 찍었답니다
(이하 생략)

임현상 작 〈고란초의 독백〉 이란 시의 일부다. 습기로 젖은 액자 속의 고란초 잎에 곰팡이가 피어나 하얗다. 늘려낸 절집이 바람 길을 막은 탓이다. 관광객이 몰고 온 먼지마저 한몫을 했음인가. 고란초 목숨 붙인 낙화암 가슴팍도 곰팡이로 우중충하다.

고란초가 사라지면 고란사의 현판도 서러워하리라. '고란초 유지보존회'에서 고란초를 조직배양 중이라는 안내문을 믿어본다.

원효대사가 사자강 하류에서 마신 물맛을 따라 올라와 찾아냈다는 진란眞蘭과 고란, 진란은 누구를 따라 어디로 간 것일까. 고란초만이 외롭다.

수룡골과水龍骨科의 상록초 고란은 단일지單一枝의 잎이면서도 삼십 내지 오십 년의 수명을 누린다고 한다. 옛사람의 한평생만큼이나 되는 장수초長壽草다.

고란사 현판을 되돌아보며 나룻배 출렁거리는 놀이터 쪽을 제쳐두고 고란수 나르던 길을 되짚어 오르는데 가파른 오솔길이 발목을 잡아당긴다.

중턱에 이르니 어디선가 시조가락이 흐느끼며 다가온다. 낙화암에 뿌리를 붙이고 있는 소나무 숲 속에서 하얀 옷차림의 노인이 홀로 앉아 시조창으로 목청을 돋우고 있다.

(1993)

할아버지와 수염

요즘에는 수염을 기른 노인을 찾아보기가 쉽지 않다.

어쩌다 하얀 수염이 텁수룩한 노인을 보면 한 번 더 바라보게 된다. 내가 어릴 적만 해도 노인들은 수염을 길게 길렀고 그런 노인이라야 할아버지로 보였다. 수염이 없는 노인에게는 할아버지라고 부르고 싶지 않았다. 그때의 할아버지는 내 할아버지이고 집안의 할아버지이며 동네 할아버지요 모두의 할아버지였다.

탑골공원에 가면 노인들을 많이 볼 수가 있다. 종로공원이나 종묘에 가도 노인들이 많다. 그러나 수염을 기른 노인은 어쩌다 있을 뿐, 머리는 흰데 턱이 민숭민숭하거나, 까만 머리에 턱 수염만 희끗희끗한 이들이다. 옷매무새나 몸매며 표정으로 보아 노인이 분명한데도 할아버지 같지가 않다. 수염이 잘려 까칠까칠한 턱, 손자 녀석이 만져보고는 따갑다고 기겁을 할 그런 턱들이다. 손자 손녀가 없는 것일까. 손자 손녀는 있어도 할아버지 노릇을 못하는 노인들일까.

고향 마을 경로당을 찾아갔을 때다. 셋째 형님 연배의 노인네 몇이서 이야기를 나누고 있었다. 그런데 하나같이 머리만 흴 뿐 수염이 없었다. 셋째 형님 연배라 해도 나와는 열네 살 전후의 연상이요, 이리저리 얽힌 고향의 선배들이고 보면 절을 올려야 할 일이나 선뜻 마음이 내키질 않았다. 고향엘 가도 할아버지가 없는 것이다.

어느 날엔가는 예닐곱이 모정에 모여 있는데 보아하니 회갑을 갓 넘긴 친구들이다. 수염도 나지 않은 젊은 사람들이 어찌하여 경로당에서 빈둥대느냐고 일갈(?)을 하니 옛날 생각이 나서란다. 수염 이야기로 말 꼬리를 잡아 흔들면서 한바탕 웃은 일이 있었다.

백발백수기피증후군白髮白鬚忌避症候群이라는 병에라도 걸린 것일까. 누군들 늙는 것을 좋아하랴만, 늙은 티를 내지 않으려는 데도 도를 넘어선 것은 아닐까. 늙는 것이 아쉬운 병, 늙는 것이 서러운 병, 늙은 것이 부끄러운 병, 할아버지가 되지 못하는 병, 할아버지이고 싶지 않은 병 등의 복합 증상쯤 되는 것일까.

수염이 석 자인 딸깍발이 남산골 샛님도 먹어야 살고 나이가 들었어도 살고 볼 일이다. 해야 할 일이 남아 있으리라.

황야에 두고 가야 할 아들 · 딸 · 며느리 · 손자들이 있어서만 은 아니다. 호강 한 번 시켜주지 못하고 늙어가는 부인을 생각하다가 생긴 병일지도 모른다. 옆구리 찔러 절 받고 선거철에나 베풀어지는 경로잔치를 외면하려다 보니 그렇게 된 것일까. 빛바랜 경로증으로 얻어 탄 전철의 노약자 · 경로석에 자존심이 상해서 생긴 병일지도 모른다. 어차피 인생은 사고四苦의 굴레 속에서 무상한 것인데도 말이다.

나이 들어 흰 머리에 하얀 수염은 순리임을 누가 모르랴. 머리에 검정 물을 들이고 수염을 깎는 까닭도 여러 가지이리라. 일제 때는 징용에 끌려가기 싫어 수염을 기르고 광복 후에 어떤 이는 양키 병사가 수염을 잡고 버릇없이 구는 꼴을 당한 울분을 참지 못해 수염을 깎아 버렸다는 이야기를 들은 적도 있다. 6 · 25 때는 제2국민 병을 기피하려고 수염을 기르고 다니는 이도 보았다. 똑같이 안면에 난 터럭이라도 어떤 경우는 수염이고 어떤 경우는 수염이랄 수도 없는 그저 터럭일 경우도 있다.

노인의 수염은 나이 든 남자들에게 주어지는 조물주의 선물이요 자연의 섭리다. 하얀 수염은 세상 풍상을 겪었다는 증거요, 일의 선후를 가릴 줄을 알고 그 무게를 가늠하고 사람의 사는 도리를 알 만큼은 되었다는 증표요 삶에 도가 틔었다는 징표다. 턱이 잘생겨야 복이 있단다. 구레나룻은 덤이다. 노인의 흰 머리는 이런 이들에게 씌워 주는 면류관이다. 점잖아진 모습이요 은인자중의 표출이다. 백발에 백수는 도인 군자의 풍모요 신선의 위풍이다. 비록 글이 짧고 말이 어눌할지라도 그 가슴 그 머릿속에는 세월로 다스린 슬기와 삶의 철학이 있다. 늙은 누에의 말간 머리, 그 입으로는 비단실을 토해 내지 않던가.

남자가 남자답지 못한 짓을 하면 수염이 나지 않고, 있던 수염도 떨어질 것이라고 한다. 만화가들은 촉살 맞고 자발없고 괴팍스러운 사람의 수염을 염소수염처럼 그린다. 간신배로 분장을 시킬 때는 수염을 몇 낱만 달아 놓는다.

수염이 많고 적음을 어찌 내 마음대로 할 수 있으랴. 유전인자의 농간인 것을… 옛날에는 수염이 텁수룩한 노인의 말 한마디가 법이고 질서였다. 핵가족 제도가 할아버지와 손자 사이를 갈라놓고 사랑과 정을 주고받을 권리와 의무마저 스스로 포기하거나 박탈당하게 만들었다. 할아버지가 아닌 늙은이로만 남는 사회요 노인들의 설 자리가 없어져 간다. "나 늙어 노인 되고 노인 젊어 나였으니 나와 노인 따로 없다"는 글귀가 왜 쓰여지게 되었겠는가를 생각해 본다. 할아버지의 수염을 만지기는커녕 보지도 못하고 자란 어린이의 먼 훗날 꿈속에 나타날 할아버지는 어떤 모습일까.

오늘 아침에 면도를 하면서 구레나룻이면 좋을 것이라는 생각을 했다. 염소수염 같지 않은 것만 해도 다행이요, 기르기만 하면 텁수룩할 수염이다. 이 또한 조상의 덕이다. 수염을 길러

보겠다는 말에 내자가 기겁을 한다. 늙어 보이는 것이 싫은 겐가. 얼굴에 비누칠을 해서 면도를 끝내고 머리를 감아 기름을 바르니 10년은 더 젊어 보이는 것 같다. 50대 초반쯤으로 보이기를 바라는 것은 욕심이겠지…….

오랜 뒤에 텁수룩한 수염을 쓰다듬으면서 의젓해 있을 내 모습을 그려 본다. 〈용의 눈물〉에 나오는 대감들처럼 수염을 추켜올리지는 않을 것이다. 할아버지로 앉아 하얀 내 수염을 쓰다듬어 내릴 것이다. 그러나 그렇게 해서 얼마간의 위엄을 갖췄다 한들 이미 실종된 권위를 어디에 가서 찾는단 말인가.

(1998)

벌들의 전쟁

벌들도 추수가 한창이라 문턱이 닳도록 드나든다. 정원에 5만의 군사가 진을 치고 있다는 것도 든든하려니와 벌통 안에 항아리마다 꿀이 가득 가득 차오르고 있으리라는 것을 생각만 해도 흐뭇하다. 시멘트덩이로 가득 찬 서울의 어디에서 그토록 꿀을 받고 꽃가루를 얻어 오는지, 밖에 나갔다가 돌아오는 일벌 열에 일고여덟은 양 다리에 꽃가루를 덩실덩실 달고 온다.

아침에 집을 나설 때나 저녁에 돌아와서 벌들의 거동을 살피는 것이 버릇처럼 된 지도 두 해째다. 집에 있는 날이면 벌들과 놀면서 하루의 태반을 보낸다. 노는 것은 나일뿐, 벌들은 항상 바쁘다. 이놈들은 내 정원의 꽃들은 거들떠보지도 않는데 정작 내 집에 있는 꽃에서 꿀이나 꽃가루를 따가는 놈은 다른 데서 온 벌들이다. 아둔한 눈으로 내 집 벌과 남의 벌을 어찌 분간할 수 있으랴만, 내 집 꽃을 찾아온 벌들 중에서 꿀벌로는 빛깔이 노랗고 몸집도 큰 양봉洋蜂만 있기 때문이다. 서울에는 한봉韓蜂이 없는 것일까. 있다고 해도 여기에 한봉이 살고 있는 줄을 알고 있기에 예의 바른 한봉들은 오질 않나 보다.

어제는 사무실에서 집으로 전화를 걸어 벌들의 안부를 물었다. 벌들이 부지런히 벌통을 드나들고 있다면서 벌통 앞에도 많이 나와 있더라는 말을 덧붙이던 생각이 떠올라, 일요일인 오늘은 벌들의 동태를 살필 요량으로 아침부터 벌통 옆에 의자를 놓고 앉았다.

그렇다고 벌들만 바라보고 있을 수도 없는 노릇이라 해찰도 하면서 서너 식경이 지났을 때다. 벌들의 움직임이 빨라지는 듯싶더니 빛깔이 노랗고 몸집도 유달리 큰 벌들이 벌통 안에서 기어 나온다. 이놈들이 예의 양봉들인 것 같은데, 어느 사이에 숨어들었는지 두 놈이 나오고 세 놈이 나온다. 지금 막 날아와 출입구 앞 광장에 착륙해서 성문을 통과하려다가 수문장에게 내쫓기는 놈도 있다. 거동이 수상하고 비굴하기 이를 데 없다. 벌통 구멍으로 머리를 내밀기가 무섭게 내빼는가 하면, 벌통 안에서 매라도 맞는 건지 비명을 지르고 엄살을 부리면서 기어 나와서는 시치미를 떼고 줄행랑을 치는 놈도 있다.

양봉의 수가 늘어나자 한봉이 대거 방어 태세를 취한다.

몸집이 작고 가무잡잡한 한봉의 일벌들, 어떤 놈은 문 앞에서 기다리고 있다가 침입해 오는 양봉을 향해 날아올라 공중방어를 하는가 하면, 어떤 놈은 벌통 속으로 기어들어가려는 침입자의 다리를 물고 늘어지거나 날개를 물고 늘어지는 놈이 있다. 양봉 한 마리에 한봉 두 마리가 달라붙기도 한다. 한 놈은 다리를 물고 한 놈은 날개를 물고 늘어진다. 육박전을 벌이면서 물고 찌르고 부딪치니 덩치 큰 양봉인들 강인한 한봉을 얕볼 수가 있으랴. 공중전을 벌이다가 엉겨 붙는 경우에는 땅바닥으로 떨어져 엎치락뒤치락한다. 육공陸空 양면전을 펼친다. 그러는 틈바구니에서도 벌통 안으로 들어가서 꿀을 훔쳐갖고 달아나는 놈이 있다. 치열한 공방전인데도 마음 약한 한봉들이 엄포만 놓고 마는 것인지 사상자는 나지 않는다.

양봉의 약탈을 막기 위하여 총력으로 방어전을 펼치고 있는 한봉들의 고투를 보면서 안산案山 만한 나로서도 어찌 이 난국을 진정시켜야 할지 속수무책이다. 함부로 창을 잡거나 법장法杖을 휘둘러서도 안 될 일이다. 모기나 파리도 죽여서는 안 된다 하고 땅바닥을 기어 다니는 벌레를 다치지 않으려고 짚신마저 성글게 삼아신고 다닌다는 말을 듣고 자란 내가 아니던가. 병인양요와 임란을 짚어 본다. 서산대사를 떠올려 보고 흥선대원군의 심정을 헤아려 본다.

아무래도 이놈들을 혼 좀 내주어야 하겠다싶어 기다란 꼬챙이 끝에 바늘을 묶어 들고 도둑벌에게 일침을 놓는다. 바늘에 찔려 혼쭐이 난 놈들이 저들의 여왕에게 '걸리버 할아버지가 지키고 있다'고 아뢰기를 바라는 것이다. 그런데 아무리 보아도 걸리버고 할아버지고 안중에 없는 것 같다. 더욱 안타까운 일은 혼전중이라서 적군(양봉)을 겨냥하는 데도 아군(한봉)이 찔리는 것이다.

한봉이건 양봉이건 바늘에 찔리기만 하면 날 좀 살리라고 발버둥을 치면서 엄살을 떠는 통에 벌들의 소란이 이만저만 아니요, 이런 때 되려 한봉의 공격 대상은 내가 되고 마는 경우가 있다. 그렇다고 한봉을 나무랄 수도 없는 노릇이다. 한봉을 흥분시키지 않고 내가 독침을 맞지 않으려면 소리 없는 가운데 양봉에게만 혼쭐을 내야 한다.

겨우 생각해 낸 것이 일촉박살법一觸撲殺法이다. 끝이 넓죽한 꼬챙이를 들고 벌통 옆에 살짝 비켜서서 벌통 안으로 들어가려는 도둑벌이나 꿀을 훔쳐 가지고 나오는 놈을 일격에 박살을 내는 전법이다. 본의는 아니나 바늘에 찔려 오래 고통을 받도록 하는 것보다는 차라리 십자군의 정신일지도 모른다는 생각이 들기도 한다. 그러나 아무리 정의의 편에 서서 휘두르는 법장이요 기사도 정신을 발휘하는 순간이라 하더라도 벌 한 마리가 나가떨어질 때마다 느끼는 서글픔이 어찌 없으리오. 양봉이 압살될 때면 "Oh! my God!" 하고, 실수로 한봉이 압살을 당하게 되는 경우에는 "관세음보살"을 찾는다. 면죄부라도 받아 두어야 '도로 아미타불'이 안 될 성싶어서다. 속물근성에서의 이기주의적 발상이긴 하나 낸들 어쩌랴.

일군의 양봉이 한봉의 꿀을 훔치기로 공모를 해도 단단히 했던 것인지, 바늘에 찔려 달아난 놈들이 열 스물이 아니요, 박살난 놈이 기십인데도 침입자의 수는 줄어들질 않는다. 그러면서도 도둑벌들은 제 죄를 아는 것인지 창이 몸을 스치기라도 하는 경우에는 기겁을 하며 줄행랑을 친다. 그런가 하면 한봉의 경우에는 겨냥이 잘못되어 저들의 몸이라도 스치게 되거나 작전 수행에 방해가 될라치면 잽싸게 날아와서 내 눈까풀이나 콧날에 독침을 꽂는다. 한 마리가 다치고 두 마리가 죽고 열 마리를 죽이는 과정에서 이래 쏘이고 저래 쏘이고 세 번 네 번을 독침에 쏘이니 부아가 치민다. 더는 참을 수가 없어 방봉망防蜂網을 뒤집어쓰고 꼬챙이 끝에 여러 개의 바늘을 한데 묶어 육지창六枝槍 · 구지창을 만들어 들고 달려든다.

십자군의 정신에 불이 붙고, 호국護國의 법장에 신이 들린다. 양봉 한 마리가 창에 찔리고 그 사체를 빼낼 틈도 없이 제2 제3의 사체가 꿰인다. 병자호란 때의 호병들을 이토록 꿰지 못한 한이라도 풀어 보려는 것인가. 미친 양봉 덕에 한봉도 미치고 나도 미쳤다. 울음이 도를 넘으니 웃음으로 변절한다. 전투에 바빠서 거울을 들여다볼 여유가 없었기에 망정이지 내 얼굴이 어찌 내 얼굴이랴. 오호라! 욕심이 빚은 비극이여! 평화롭던 정원에 전개된 살육전이여!

불꽃 튀는 전장戰場의 불을 끄려면 물 밖에는 없겠다는 생각이 퍼뜩 머리를 스친다. 정원의 나뭇잎을 갉아먹는 벌레들을 혼내 주려고 준비해 둔 고압 살수기를 찾아다가 수도꼭지에 연결시켜 인공우人工雨를 내리게 하는 전술이다. 아니나 다를까, 도둑벌을 막아내던 한봉은 비를 피해 벌통 안으로 들어가고 벌통 안에서 쫓겨나온 양봉은 날개가 젖으니 멀리 날지 못하고 근처에 있는 나무에 앉는다. 다행인 것은 밖으로 일을 나갔던 한봉들이 방어전에 참가하기 위해서 이미 돌아와 있다는 것이요, 꿀을 훔치러 오던 양봉들은 비를 피해서 되돌아가거나 미처 피하지 못한 놈들은 날개가 젖으니 나무에 불시착을 하고 만다. 나무에 앉은 놈들은 나뭇잎이나 갉아먹는 벌레로 취급될 뿐이다. 살수기로 벌레들에게 집중 포격을 가한다. 비를 내리게 하다가 물 포탄을 퍼붓다가 변화무쌍한 인공우人工雨 전술, 어째서 이런 전법을 진작 창안하지 못했을까.

병인양요 그 시절에 이런 고압 살수기가 있었더라면 퍼도퍼도 줄지 않을 인천 앞바다의 소금물을 양이洋夷의 철선에 퍼부을 수 있었을 것이 아닌가. 그랬더라면 제아무리 허우대 좋은 양이들이라 해도 소금물 세례야 견뎌낼 재간이 없었을 것이다. 풍신수길의 졸개들이 몰려올 적에 부산 앞바다의 그 짠물로 포탄을 만들어 집중 포격을 가했더라면 이순신 장군이 오래오래 사셨을 것이다. 저 누루하치의 아들 홍타시紅他時가 몰고 온 벙거지들을 압록강 물로 쏘아서 날려 버리거나 한강 물을 쏘아 날렸더라면 삼전도 한비三田渡 汗碑가 어찌 있겠는가.

잠시 비를 멈추어 본다. 태풍 지나간 뒤의 정적이다. 하늘이 내린 소낙비 한 줄기가 어지러운 대지를 씻어낸 것 같다.

(1998)

다슬기 파티

일요일에 조카가 다슬기를 사들고 찾아왔다. 나보다 다섯 살 아래로 동생이 없는 나에겐 동생 같기도 한 조카다. 집에 들어서자마자 부엌으로 가서 비닐봉지에 담긴 다슬기를 삶도록 하더니 대소쿠리에 몽땅 쏟아 들고 와서 다슬기를 까먹잔다.

굵은 콩알만 한 흑갈색의 다슬기가 담긴 소쿠리와 다슬기의 껍질을 담을 빈 양재기를 가운데로 식구들이 둘러앉았다. 다슬기를 집어 바늘 끝으로 살을 끌어내어 입으로 빨아 넣고 껍질은 양재기에 넣는다. 반복되는 동작에 오순도순 나누는 이야기가 유년을 떠올리게 한다.

내 고향에서는 다슬기를 고동이라 하고 대수리라고도 한다. 충북지방에서는 올갱이라 하던가. 다슬기를 까먹는데 탱자나무 가시 대신 바늘을 쓰고는 있으나 풋내가 코끝에서 맴돈다.

물이끼의 파릇한 냄새다. 앞내 뒷내에서 맡던 맑디맑은 그 물 냄새, 그 중 어떤 것은 입 안에서 자금자금 모래 밟는 소리를 낸다.

다슬기 맛은 고향 맛이다. 들척지근한가 하면 쌉쌀하고 담백한가 하면 감칠맛이 있다. 잘 익은 머루 다래 맛인가 하면 씀바귀무침이나 쑥국 맛이고 삶은 풋콩 맛이다.

앞니로 다슬기의 꽁무니를 떼어내고 머리 쪽을 빨면 다슬기의 몸이 통째 입안으로 들어오면서 호르륵 소리를 낸다. 소나무 숲을 스치는 바람소리요 물소리다. 휘파람 소리요 물총새의 울음소리 같다.

고향마을 앞에는 어떤 가뭄에도 물이 마르지 않는 앞내 그리고 나지막한 뒷동산을 넘으면 심한 가뭄에도 남상소南祥沼만은 말라붙지 않는 뒷내가 있다. 이 두 물은 고향집으로부터 한 마장쯤 아래에서 서로 만나 흐르다가 재천골에서 안자천顔子川과 어울리고 용담龍潭에서 주자천朱子川과 그 세勢를 합쳐 도도히 금강錦江을 이루는 정자천程子川이다.

철쭉 꽃으로 앞 뒷산이 타오를 무렵부터 나는 누나들과 함께 앞내에서 다슬기를 잡았다. 햇빛이 쨍쨍한 낮에는 돌 밑이나 그 틈새 아니면 모래 속에 숨어 있다가도 해거름이나 비라도 내리려는 날씨이고 보면 물밑이 까맣게 기어 나온다.

누나들은 옷을 입은 채 다슬기를 잡고 나는 알몸으로 잡는다. 반석盤石이 깔려 있는 곳에서는 쓸어 담을 정도다. 이런 때 나는 아예 텀벙텀벙 자맥질을 하고 가까이 오지 말라는 누나들의 호통 속에는 웃음이 반이다.

왼손에 바구니를 들고 엎드려 어깨 위까지 잘름거리는 물속에서 오른손 엄지와 검지로 콩알만 한 다슬기를 잡기란 여간 곰상스러운 게 아니다. 그러니 누나들과 함께라면 몰라도 나 혼자의 몫은 애당초 아니다. 다슬기를 잡겠다고 따라간 내가 반 훼방꾼이 될 때가 많았다.

큰누님이 정자천 하류께 있는 복골福洞로 시집을 가서 오십여년이라는 세월을 살았다. 복골 앞내에는 알이 굵은 다슬기와 물고기가 많았다. 어릴 적에 여기서 큰누님과 함께 다슬기를 잡은 기억이 있다. 큰누님이 근친을 올 때는 다슬기도 한 바구니 들고 온다. 서울 내 집으로까지 다슬기를 보내주기도 했다.

다슬기국은 언제 먹어도 맛이 있다. 이른 봄에 쑥을 넣어 끓인 다슬기국은 춘곤을 다스린다. 여름에 애호박을 썰어 넣거나 아욱이나 시금치를 넣고 끓여도 좋다. 우리 가족은 다슬기를 무척 즐겨 한다.

내가 알기로는 숙취를 가시게 하는 데는 다슬기를 당할 게 없다. 다슬기에는 각종의 아미노산과 핵산, 호박산 등의 영양분도 듬뿍, 간肝 질환을 다스리는 데 좋다. 이런 다슬기를 모르는 사람이 많은 것은 다슬기의 종족 보존을 위해서는 다행일지도 모른다.

전주에 갈 때는 H모텔을 찾아 든다. 바로 앞에 '다슬기 국밥집'이 있어서다. 처음에는 한 집이던 게 지금은 다섯으로 늘었다. 그런데 이들이 쓰는 다슬기는 전주에서 백여 리 밖인 내 고향의 정자천 상류에서 잡은 것이란다. 지난해에 들렀을 때는 아침과 저녁, 그리고 술안주로도 다슬기국을 청했더니 이런 손님은 처음이라며 다슬기국 한 대접을 덤으로 주기도 했다. 세 집 중 H식당 다슬기 국이 내 입맛에 맞는다. 고향에서 즐겨 먹던 다슬기국 그 맛과 같아서다.

그저께는 월출산月出山 기슭에 계신 선대 할아버지를 찾아 뵙고 돌아오는 길에 전주에 들렀다. 문우 김을 만났을 때도 예의 그 다슬기국밥 집을 찾아갔음은 물론이다. 어제 아침에도 다슬기국으로 속을 풀고 친구 셋과 함께 선운사禪雲寺를 다녀왔다.

전주에는 죽마고우 셋이 살고 있다. 양梁周相군은 큰누님이 살던 마을에서 태어나 자랐고 이李忠胤군은 나와 같은 마을에서 또 이李相求군은 금강의 상류인 남양강변 새벼리에서 태어난 국민학교 동기생들이다. 어제 저녁에는 이 친구들과 모처럼 자리를 함께 했기에 술자리를 정하는데 의견이 분분했다. 다슬기국밥 집으로 고집을 한 것은 나였다.

앞 뒷내를 뛰어다니고 물속에서 첨벙거리던 알몸으로 그 물소리 그 바람소리로 노닥거리며 웃고 웃다가 밤이 깊어서 헤어졌다. 얼마나 다슬기국을 퍼먹고 소주를 마셔댔는지 모르겠다. 싫도록 먹고 취토록 마시고 싶었다.

우리는 지난해에 착공한 '용담댐'이 완공되는 날 선영들께서 머물고 있는 그 자리 그 고향을 물속에 잠기게 해야 할 수몰민이다. 그러기에 미리서 용담댐의 깊은 물속을 허우적거렸는지도 모른다.

오늘 아침에도 그 다슬기국밥 집 문이 열리자마자 다슬기국으로 작취昨醉를 다독이고 아침 바람을 헤치며 서울로 차를 몰았다.

내가 떠나온 뒤 어느 친구는 H모텔로 전화를 걸고 어느 친구는 해장을 함께 하려고 찾아오고 한 친구는 손수 개발하여 만든 '효자 밥솥'을 주려고 찾아 왔더라는 전화를 받은 것은 집에 도착해서다.

이 친구들은 어제가 내 생일인 것을 모른다. 그리고 병석에 누워 있던 큰누님과 다슬기를 잡기로 한 약속이 있었다는 것도, 그런 약속을 했던 내 큰누님이 열 시간도 못되어서 영원한 길로 간 것도 모른다. 달포 전이다. 취중에도 이런 말만은 하지 않았다. 아니 못했는지도 모른다.

(1995)

달을 보면

달을 보면
달을 보면
무엇이 생각나나
나는 나는 엄마 생각.

달을 보면
달을 보면
무엇이 생각나나

오래 전에 써둔 메모의 일부다. 달을 보면 동심으로 돌아가나 보다. 달을 보면 느낌도 많다. 둥근 달은 둥근 달대로, 쪽달은 쪽달대로. 봄에 보는 달은 꽃 마음을 불러일으키고, 여름에 보는 달은 달아오른 가슴을 시원하게 해준다. 가을 달은 무엇을 거둘 것인가를 묻고, 겨울 달은 차가운 눈빛으로 내일을 훈계한다. 기쁠 때나 슬플 때나 친구가 되어 준다.

20여 년 전, 직장에서 주선해 준 교육장에서 있었던 일이다. 직장인의 성취동기 양성 과정이었다. 교육 첫 시간은 참가자의 의식 구조와 성취 의욕의 잠재성을 측정하는 시간이었다. 어떤 장면들을 스크린에 비추어주고는 묻는 말에 답하라는 것이다. 그 중에 하나가 환한 보름달을 비춰주고는 무엇이 생각나는지 머리에 떠오르는 대로 한 가지씩만 쓰라는 것이다. 수강생들의 답을 모아 평가하는데, 황금 · 돈 · 성공이라고 쓴 사람은 성취 의욕이 강하고 진취적인 성격이라 하고, 어머니 · 아버지 · 누님 · 형님 · 고향 · 선생님 · 친구라고 쓴 사람들은 성취 의욕이 약하고 감상적인 성격이라는 평이었다.

나는 '어머니'라고 썼다. 당시 내 나이 젊고 무엇인가를 이뤄보겠다는 의욕도 대단한 때였기에, 강사의 평이 은근히 불만이었던 기억이 생생하다.

그러나 이 나이에도 아직 내세울 만한 일을 하나도 이루지 못한 것을 생각해 보면 옳은 평이었던 것 같다. 그 후에도 나는 달을 보며 황금이나 돈을 생각하지 않았으니 무척이나 성취 의욕이 없는 것일까.

어머니는 음력 정월의 망월 날 밤 떠오르는 달에 치성을 드렸다. 어느 스님이 이르신 치성법이라 했다. 아버지의 만수무강을 빌고 자식들의 무병장수와 부귀다남을 비는 치성이다. 어머니께서 돌아가신 뒤에는 며느리들이 똑같은 치성을 드렸다.

정월의 망월 날 밤 서울에서는 옛부터 재액을 면하기 위해 광통교를 비롯하여 열두 다리를 밟는 풍습이 있었다지만, 내 고향에는 탑교踏橋를 할 만한 다리도 없는 곳이다. 그 대신 달맞이 불놀이를 한다. 마을 앞 널따란 논에 생솔 통나무와 청솔가지로 커다란 달집을 지어 놓고 달이 떠오르는 때를 맞추어 불을 붙인다. 달집의 청솔가지에 불이 붙어 불길이 오르면 환성이 일고 농악대가 풍장을 올리며 달맞이 놀이가 시작된다. '또도독! 또도독!' 수없는 말발굽 소리를 내며 기세 좋게 하늘 높이 치솟는 푸른 연기는 떠오르는 황금빛 둥근 달을 마중 나간다.

설날부터 연날리기를 하던 아이들은 '액막이'로 달집에서 타오르는 불길 위에서 연을 날리면서 태워버린다. 그 연기는 하늘 높이 날아간다. 이렇게 한참을 어울리는 동안 솔잎과 잔가지는 타버리고 어른 팔뚝만한 기다란 생솔 통나무가 빨간 불 방망이가 되는 때를 기다렸다가 불싸움이 시작된다.

구렁논을 경계로 건너 마을 청소년들과의 불놀이 경기다. 불 칼(불방망이)을 손에 들고 건너 마을 달 놀이판을 향해 휘휘 돌리며 원을 그려 선전 포고의 신호를 보낸다. 그런 뒤 의기양양한 병사들은 불 칼을 휘두르면서 두 마을의 중간 지점에 대치한다. 양측 대장의 대전 규칙에 관한 협의가 끝난 뒤 각 진영은 대장의 군호가 떨어지기가 무섭게 달려가 맞붙는다.

불 칼과 불 칼을 맞부딪쳐 빼앗거나 상대의 불이 꺼지면 이기게 된다. 불 싸움이 계속되는 동안은 벌겋게 불이 붙은 불 칼을 조달하는 보급 병사도 바쁘다.

달빛이 훤한 밤, 넓은 들에 흩어져 부딪치는 불 칼들, 튀는 불똥은 가히 장관이다. 불 칼들을 거의 쓰지 못하게 될 때쯤에 싸움은 끝이 난다. 서로는 자기네 달집으로 돌아와 이글거리는 모닥불을 가운데로 둘러서서 전적을 가름하고 용맹을 자랑하다가 밤이 깊어지면 잿속으로 숨어드는 불덩이를 남겨놓고 집으로 돌아간다.

집으로 돌아온 나는 환하게 불이 켜져 있는 마당 가운데로 가서 어머니의 치성을 본다. 멍석을 피고 돗자리를 깐 상 위에는 백설기 한 시루와 정화수 한 그릇이 놓여 있다. 시루속 백설기 위에는 쌀을 가득 담은 사발이 놓여있고, 사발 안에 놓인 기름 종지 안에서는 심지 불들이 춤을 추고 있다. 하나는 아버지 불, 형님들의 불 셋, 내 불 하나가 있다. 내가 집으로 왔을 때는 심지 불이 거의 다 타 들어갈 때쯤이 된다. 오늘은 어머니께서 무엇을 비셨을까. 지난해와 똑같은 말로 비셨을까…….

"엄마! 배고파 …"

하고는 방으로 들어가면 잠시 후 부드럽고 구수한 백설기와 곁들여진 동치미 국이 나를 기쁘게 한다. 나는 해마다 어머니의 축원이 서린 달떡을 먹고 자랐다. 달을 바라보며 두 손 모아

절을 하던 어머니는 지금도 망월 날이면 며느리들의 치성 드리는 모습을 지켜보고 계실 것이다. 어머니의 소망을 들으며 환히 웃던 달은 항상 변함이 없다. 달은 어머니의 달이며 아들과 딸들의 달이고 며느리의 달이다. 계수나무 밑에서 두 마리의 토끼가 떡방아를 찧고, 광한전 넓은 뜰에서 항아 선녀가 춤을 출 때면, 어머니는 아버지와 함께 달밤을 즐기시겠지.

과학의 발달이라는 것이 항상 좋은 것만은 아니다. 그 우스꽝스런 우주복을 입고 허우적거리며 달을 밟아보고 온 '암스트롱'을 영웅이라고들 한다. 속세의 때를 묻히고 먼지를 뿌려 우리들의 꿈나라인 달의 얼굴을 찌푸리게 했다. 풀잎 · 꽃잎에 맺힌 맑은 이슬로 얼굴이라도 씻어주고 싶다. 달은 우리에게 거울이고 노래요 시이다.

달을 보면 고향을 보는 것 같다. 어머니, 아버지 그리고 세 형님도 보인다. 선생님도 만나보고 친구도 만나 본다.

(1988)

아버지의 논과 밭

송림이 울창한 선산先山 국사봉國士峰 기슭에 조그마한 밭이 하나 있었다. 망태에 논두렁 풀을 베어다 소에게 먹이거나 논물을 둘러보는 정도가 아버지의 농사일이셨다. 그런 아버지께서 집에서 멀기도 하려니와 토질도 좋지 않은 그 비탈 밭에 곡식을 가꾸는 일만은 열심이었다.

그때는 철이 없어 무심코 지났으나 어쩌면 그 밭은 둘째 큰아버지로부터 물려받은 것일 거라는 생각이 들기도 한다. 오남매 중 막내 아드님인 아버지는 미성에 할아버지와 할머니를 여의고 둘째 큰아버지께서 결혼도 시키고 분가를 시켜 주었다는 이야기를 들었던 기억이 있어서다.

그 밭에는 해마다 녹두와 메밀을 심었다. 어머니께서는 칠남매 막내로 나를 낳으셨던 해에, 맏으로 아들 손자를 보았다가 그 해도 넘기기 전에 그 손자를 잃으셨단다. 그 해부터 가슴앓이를 얻어 보름이 멀다고 자리에 눕는 어머니를 보면서 아버지께서는 '막내를 다섯 살은 먹여 놓아야 할 게 아니냐?'고 하시더란 이야기를 어머니로부터 들은 것은 내 혼담이 오고 갈 무렵이었다. 지금 생각하면 어머니께서 드실 미음米飮감으로 녹두와 메밀을 준비하셨던 것 같다. 책상물림이라 덤으로 고생을 시켰다는 당신의 조강지처糟糠之妻를 생각하시면서…….

그러다 어느 해 메밀꽃이 한참 일고 있는 그 밭을 둘러보고 오던 아버지께서 해거름의 산기슭에서 독사에게 발목을 물렸다. 백방의 치료에도 가슴께까지 부어올라 위급한 지경에 이르렀을 때 10리 밖에 있는 주재소駐在所 일인日人 소장이 그 소식을 듣고 찾아왔다. 까만 골패 짝 같은 것을 주머니에서 꺼내더니 찬물에 담가 방울방울 나오는 거품을 뺀 뒤 뱀의 잇발 자국에 올려놓는 시범을 보이더니 그것이 따뜻하다고 느껴질 때 다시 찬물에 담가 거품을 빼고 환부에 다시 올려놓기를 반복하라 일러주고는 돌아갔다.

반신반의 몇 번의 되풀이 후에 아버지께서 환부가 시원하다고 하셨다. 밤낮 사흘을 거듭하니 부기가 말끔히 빠지는 것이다. 어디가 긁히거나 닳아 없어진 데도 없는 그 신기한 돌을 물에 잘 씻어두었다가 주재소장이 다시 우리 집엘 찾아왔을 때에 돌려주었다. 그 사람은 내가 만날 수 있었던 많은 일인 가운데 고맙다고 생각하는 세 사람 중의 한 사람이다.

국민학교 3학년 때 무심코 조선말을 썼다가 일본 교장한테 종아리에 피가 나도록 매를 맞고 종일 벌을 선 일이 있었다. 이 무렵 집에서도 일본말을 쓸 수 있도록 아버지 허락을 받으려던 큰형님이 크게 꾸중을 들은 일도 있었다.

국토를 강점하고 국권을 강탈한 일본이 우리말과 글을 쓰지 못하도록 하여 국혼國魂까지 말살하려는데 집에서까지 '훈도시 족'의 왜말을 쓰도록 용납할 아버지가 아니시다. 그래서 아버지는 한겨울에 얼음을 깨고라도 흐르는 물에 세수를 하셨던 것일까. 누군가가 아버지에게 직업을 묻는다면 서슴없이 '모른다'고 대답하였을 거다.

한자漢字로 가득 찬 커다란 책을 읽으셨던 아버지 곁에는 항상 두꺼운 옥편이 놓여 있었다. 집 안에서는 탕건宕巾을, 바깥출입을 할 때는 갓을 쓰셨다.

우리글과 한문, 붓글씨를 가르치려고 하셨으나 내가 따르지 않으니 여간 해서 좋고 나쁨을 나타내지 않았던 아버지께서는 얼마나 답답하셨을까. 그러나 긴 담뱃대로 엄포만 하실 뿐, 내가 한창 개구쟁이 때도 매를 대지 않으셨다. 나는 아버지께서 붓으로 써서 가르쳐 주신 '가 갸 거 겨'와 '하늘 천天 따지地' 그 글자들을 지금도 잊지 못한다.

회갑만 넘겨도 상노인이라던 그 시절에 아버지를 찾아오는 노인이 많았다. 안골 대부와 용담 당숙 그리고 지새 아저씨도 오셨었다. 사냥에서 잡아온 꿩을 한두 마리씩 놓고 가거나 하룻밤씩 자고도 가시던 포수 아저씨는 호랑이와 같은 큰 짐승을 잡는 날은 잠을 잘 때 머리맡에 세워둔 엽총도 울더라며 설맞은 호랑이와 씨름을 한 이야기도 들려주셨다.

아버지로부터 들은 이야기 중 기억되는 것은 〈충장공忠壯公 김덕령金德齡 장군〉과 〈녹두 장군 전봉준全琫準〉 이야기 그리고 육십 명이 함께 넘지 않으면 호랑이에게 잡혀 간다는 〈육십 명 고개〉 이야기 등이다.

학교에서 돌아오면 집에는 아버지만 계실 때가 많았다. 학교에서 돌아왔다는 인사를 드리는 둥 마는 둥 책 보따리를 마루에 던져 놓곤 삼태기와 바구니를 들고 집 앞 도랑으로 나가 미꾸라지를 잡았다. 그런 때에 항상 내일 몫을 남기고 몇 대목만 훑어도 두 사람 몫의 추어탕감이 잡힌다. 추어탕을 끓여 아버지께 새참으로 드렸다. 이 도랑 물고기의 9할은 내 차지였다.

공일에는 앞내 뒷내를 더듬고 도랑을 훑거나 막아서 물을 퍼내고 물고기를 잡는다. 잡힌 물고기가 많으면 온 식구의 밥상에 오를 수가 있으나 그렇지 못하면 아버지 진지 상에만 오른다. 나는 할아버지 같은 아버지와 겸상하는 경우가 많았다. 큰형수님은 내가 새끼 붕어 한 마리만 잡아와도 버리지 않고 오무가리에 졸여서 아버지 진지 상에 올린다. 내가 아버지께 해드린 효도라면 찬거리로 새끼고기 몇 마리씩 잡아오는 것밖엔 더 있었을까.

내가 아홉 살 때 큰물[丙子年 水害] 이 들을 쓸고 모래로 덮어 놓은 일이 있었다. 그 해 가을부터 아버지께서는 모래를 파내시고 논을 만들었다. 모두가 포기한 땅, 힘들다고 식구들이 만류를 해도 내 키로 두 길이 넘는 모래 둑 밑에 웅덩이 같은 작은 논을 여러 개 만들었다. 합하여 서너 마지기쯤 되었을까. 나는 아버지를 자주 따라 다녔다. 언제던가 내 논을 치는 것이라고 하시던 그 말씀을 기억한다.

내 나이 열아홉, 6 · 25전쟁 휴전 직후인 고등학교 때 겨울에 자력개척自力開拓을 한답시고 목돈을 들여 면綿 양말을 짜는 기계를 샀다. 기술을 익히려던 나를 꼬여낸 완산군 봉동鳳東에 사는 황黃 모씨에게 두 달이 넘게 발목이 잡혀 고심 중일 때 아버지가 위독하다는 소식을 들었다. 달려가 보니 아버지는 이미 많은 사람들이 지켜보는 가운데 뒷동산에 누워 계신 채 내가 오기를 기다리고 있었다.

지금 아버지는 파란 잔디 이불을 덮고 계시지만, 나는 내 뜨거운 가슴에 있는 넓디넓은 아버지의 논과 밭에 수시로 씨를 뿌리고 또 거두어들인다.

(1995)

어떤 보은

집배원

추억속의 노선비

45점의 행복

새로 맞는 입춘立春

신방돌에 얽힌 사연

참새들의 짝사랑

초동樵童의 상경기上京記

탑골공원의 백표신사

안 박사의 변

어떤 보은

지루한 장마가 걷히고 하늘이 옥색으로 맑다. 산들산들 불어오는 바람 따라 들판의 벼논에 푸른 물결이 일고 제비 몇 마리가 파도를 타듯 날고 있다. 제비는 작아도 강남을 간다.

고향집 처마 밑에 둥지를 틀고 살던 제비는 지금도 살아 있을까. 살아 있다면 어디서 어떻게 살고 있을까.

봄이면 어김없이 찾아오던 제비, 지난해 살던 한 쌍인지 작년에 태어났던 젊은 한 쌍인지는 알 수가 없었다.

돌아온 제비는 옛집을 손질하고 살림을 차린다. 신록이 짙어갈 무렵이면 어느새 알을 낳았는지 새끼를 거느린다. 한 번에 네 마리씩 두 번쯤 치는 듯싶었다.

제비는 새끼들에게 물고 온 먹이를 줄 때 차례를 지킨다. 먼저 먹이를 받아먹은 놈이 아무리 입을 벌리고 사정을 해도 주질 않는다. 두 마리가 들락거리며 먹이는데도 실수가 없다.

둥지 밑에 받쳐놓은 판자 위에 새끼들이 똥을 싸 놓으면, 마른 뒤 밖으로 내다 버리는 깔끔함도 보인다.

제비는 언제나 밝은 표정이다. 하얀 셔츠에 검정보라빛 정장으로 금세 치장을 마친 것 같은 단정한 맵시다. 몸을 웅크리거나 매무새의 흩트림을 보이지 않는다.

빨래 줄에 앉아 지저귀는 제비를 보노라면 시름도 잊게 된다. 까만 눈을 반짝이며 작은 머리를 갸우뚱거리는 모양이 귀엽기도 하려니와 날렵하게 나는 모양도 활기차다. 창공에서 흐르듯 나는 제비는 시속 90킬로미터의 기록 보유자란다.

제비는 사람을 괴롭히거나 이웃을 괴롭히지 않는다. 의심도 하지 않는다. 벗들과 다투는 법도 없다. 제비는 인간을 보호자라고 믿고 있는 새다.

옛집을 고치거나 새로 지을 때 암수가 서로 협동한다. 새끼에게 먹이를 잡아다 주는 일도 그렇게 한다. 멀리 날아다니며 먹이를 구하는 부지런 꾼이다. 비록 가진 것 없는 단칸방살이 일망정 즐겁게 살다가 가을이 되면 집을 비워두고 강남으로 여행을 떠나는 멋도 지녔다.

내가 채 초등학교에 입학도 하기 전의 일이다. 고향집 장독대 옆, 고염나무와 울타리 사이의 커다란 거미줄에 제비 한 마리가 걸려 있었다. 그때는 보슬비가 내리고 있었던 탓인지 거미는 보이질 않았다. 이슬이 방울방울 맺힌 거미줄에서 대

롱거리는 제비를 가까스로 떼어 냈다. 수많은 은빛 구슬을 발등에 받으며…….

어머니께서 손수 거미줄을 뜯어내시고 물수건으로 닦고 마른 수건으로 제비를 감싸 따뜻한 아랫목에 놓아두었다.

얼마쯤 되었을까. 흠뻑 젖었던 몸이 마르고 제비가 몸을 움직거리기 시작했다. 어머니 손은 제비에게도 약손이었다.

손을 태우면 좋지 않다고 못 만지게 하는 어머니 말씀도 귓전으로 나는 틈만 나면 제비를 쓰다듬고 옆에 누워서 눈을 맞추기도 하며, "춥니?" "어디 아프니?" "배 고프니?" 하고 호들갑을 떨기도 했다. 그러나 내가 할 수 있는 일이라곤 파리를 잡아 주둥이 밑에 놓고 먹으라고 권하는 것일 뿐 다른 도리가 없었다. 그러나 제비는 내가 주는 파리를 한 마리도 먹어주질 않았다.

제비가 날갯짓을 할 무렵, 대소쿠리에 담아 툇마루에 내다 놓았더니 어떻게 알았는지 다른 제비가 찾아와 부지런히 먹이를 물어다 먹이고 있었다. 제 짝이거나 아니면 그놈의 엄마와 아빠 제비이었을까.

사흘쯤 지난 뒤 그 제비는 어디론가 가버렸다. 기운을 차려 제 둥지로 돌아갔으려니 짐작을 하면서도 서운하고 허전한 마음을 금할 수 없었다. 그러던 어느 날, 그러니까 한 보름쯤 되었을까. 집안에 제비가 눈에 띄게 많아졌다. 다음날에는 집안이 온통 제비로 가득하였다.

어디서 이토록 많은 제비가 날아 왔는지 집 주변을 날아다니는 놈, 담장 위며 빨래 줄에 앉아 있는 놈하며 마루 끝에 앉았다 가는 놈은 말할 것도 없고 문을 열어놓으면 안방엘 들어갔다 나오는 놈도 적지 않았다. 수를 가늠할 수 없이 많은 제비들로 집안은 온통 제비들의 잔치마당이었다.

어머니께서 들려주신 흥부전의 제비 이야기가 되살아나는 것 같은 느낌이었다. 제비들이 쌀알이라도 먹을 줄을 알았더라면 어머니께서는 쌀독 바닥을 비워서라도 대접을 하셨을 것이다. 제비들의 잔치는 해질 무렵까지 계속 되었다.

며칠을 두고 많은 제비들이 찾아 왔었다. 사고를 당했던 제비는 그 후에도, 다음 해에도, 또 다음 해에도 찾아 왔을 것이다. 나는 그 제비를 알아보지도 못하고 지저귀는 말귀도 알아들을 수가 없었다.

(1989)

집배원

지하철 종각역에서 안국동 방향 우정국로 좌측 보도를 따라 걷다보면 조계사 입구 못미처에 '우정총국郵政總局'이란 현판이 걸린 옛 건물이 있다.

철책과 풀 섶에 가려진 '우정국 중수 기념비'에는 우리나라 근대 우편사업의 발상지임을 서두로 우정총국의 내력과 중수 경위 등을 새겨 놓았다. 일본과 미국을 시찰하고 돌아온 홍영식 선생의 노력으로 1884년 4월 22일 왕명高宗에 의하여 우정총국을 개설하고 같은 해 12월 4일 우정총국 개설 축하연을 계기로 개화파의 갑신정변이 일어나 우정업무가 잠시 중단된 일이 있었다고 밝혀 놓았다.

안으로 걸어놓은 철책 문을 열고 경내로 들어가니 오른편에 '고 전주우편국 집배인 이시중 순직비故全州郵便局集配人李時中

殉職碑'라 새겨진 커다란 자연석 비석이 서 있다. 이군 시중은 전주사람으로 성품이 온화하고 성실하며 신의가 있었다(李君時中全州人性溫實有信義)로 시작된 한자漢字 비문의 해설도 곁들여 있다. 이시중이 1926년 7월 22일 당시 전주군 우림면과 난전면에 우편물을 배달하러 가던 중 개울을 건너다 폭우로 인한 격류에 휩쓸려 순직한 그 개울의 돌에 비문을 새겨 1927년 전주시 고사동에 소재하는 대명사 뜰에 세웠던 것을 옮겨다 놓았다고 새겨져 있다. 이 비석을 보고 있으려니 어릴 적에 본 우체부아저씨 얼굴이 떠오른다.

건물 뒤로 돌아가 문을 밀고 들어가니 나이 듬직한 관리인이 있다. 무단 침입 죄라도 될까 해서 어리둥절했다는 말에 관리인은 이곳이 일반인에게 공개하고 있는 관광 명소라 한다. 이런 경우 웃어야 할지 말아야 할지. 주제 넘는 말 몇 마디를 하고 나서 내부를 둘러본다. 우리나라 최초의 우표들과 대조선국 우정규칙, 우정총판 홍영식의 경영록 등 몇 가지 유물들이 전시되어 있다. 그때의 인장과 인장함이 눈길을 끄는데 접시저울과 대저울은 요즈음에도 가끔 볼 수 있는 것들과 같아 낯설지 않다.

정치적 공로자에게 우체국장이라는 직책을 내려주는 제도가 미국에 있었단다. 로마제국에서는 집배원을 왕실 직속 직원으로 활용하였다니 집배원의 긍지도 컸으리라. 우리나라의 우체국장이나 집배원들의 처우가 어떤지는 모른다. 어쨌건 집배원은 오문五文, 십문十文의 우표가 처음 발행된 1884년 11월 18일부터 서울漢城과 인천 간에서 비롯된 뒤로 전 국토 고을마다 마을마다 외딴 집까지도 뛰고 있다. 어린 아이에게 백원짜리 은전 한 잎을 주면 시들해하는 이즈음 80원짜리 우표가 붙은 엽서 한 장을 들고 집배원은 내 집을 찾아온다.

집사람이 우편물에 관심을 갖게 된 것은 큰아이가 해외로 유학을 간 뒤부터다. 이어서 막내아이, 이제는 출가한 딸까지 바다 건너에서 살고 있으니 외손녀 소식도 기다려진다. 막내녀석이 군에서 복무 중일 때는 그 심도가 더 했다. 때로는 배달차 내 집을 찾아오는 집배원에게 음료수 한 잔쯤은 대접을 하는 것도 잊지 않는다. 집배원의 청에 따라 체신 적금을 들기도 했다던가.

지금은 시골 면소재지마다 사설 우체국이라도 있지만 내 어릴 적만 해도 삼십 리 상거한 우체국으로부터 닷새 만에 한 번씩 체부(우체부)가 다녀갔다. 신작로가 있고 정기승합차가 하루에 한두 차례 있었긴 하나 집배원의 이용 대상은 못 된다. 산촌으로 통하는 길이란 것이 자전거나 제대로 드나들 수 있었던가. 물을 건너야 하고 산을 넘어야 했다. 다행히 내 고향집은 초등학교로 이어지는 길옆에 있었다. 집배원이 찾아오는 빈도로는 학교 다음이 우리 집이었다.

어머니께서는 자식들을 항상 곁에 두고 싶어 하셨다. 그러나 세상이 용납하던가. 큰형님은 평양에서 3년간을, 셋째형님이 북해도 탄광에서 3년의 고역을 마치기도 전에 둘째형님이 징용으로 또 북해도 탄광엘 갔다가 광복 후에 돌아왔다. 그러는 사이에 세 누님이 출가를 했으니 아들딸들의 소식을 기다리는 어머니와 아버지는 까치소리만 들어도 반가웠을 것이다. 우편낭에서 편지를 꺼내 들고 사립문을 들어서는 집배원을 어머니는 반갑게 맞이하셨다. 내 어릴 적 체부아저씨는 둘째형님 연배쯤이었다.

어머니는 명절 음식이나 때로는 별미 음식을 따로 챙겨 두었다가 체부 아저씨에게 대접하곤 하였다. 우리 집으로 오는 편지가 없는 날이라 해도 학교엘 다녀서 가는 체부아저씨를 들르게 해서 대접했다. 내가 길목에서 체부아저씨를 기다리는 심부름을 몇 번인가 했던 기억이 있다.

그 무렵 집에 있는 형님은 징용을 간 형님이나 출가한 누님들로부터 온 편지를 어머니께 읽어 드리고 또 답장을 써서 읽어드렸다. 나는 비료포대를 물로 씻어 말린 종이에 일인 교사들이 가르쳐 준 전선에 보내는 위문문 같은 편지를 몇 번인가 썼던 기억이 있다. 어머니께서 형님들께 편지를 쓰라고 해서다.

나는 광복이 된 이듬해에 전주사범에 입학을 했었다. 그때부터 집에 보내는 편지 사연은 '돈 떨어졌소, 쌀 떨어졌소….'가 고작이었다. 회답이 없으면 토요일엔 집으로 간다. 돌아오면서는 용돈과 쌀 두서너 말을 멜빵 지어 걸러 메고 삼십 리 길을 걸어 나와 장작더미를 실은 트럭 위에 올라타고 아흔아홉 구비 곰티재를 넘어야 했다. 그 무렵의 내 편지는 부모님과 형님들의 마음을 아프게 했던 것이었음이 분명하다.

서울에서 대학을 다닐 때는 돈 타령 쌀 타령은 하지 않았으나 짧게는 양면 괘지 앞 뒤 쪽, 때로는 육칠 쪽의 긴 편지를 썼다. 그래도 어머니는 궁금했던지 서울에 오는 고향사람들이라도 있으면 나를 찾아보라는 부탁을 하셨던 게다. 대학 졸업 후 군복무를 마치고 결혼을 하고서도 객지인 서울에서 살았으니 어머니는 항시 막내인 내 소식이 궁금한 것이다. 그러니 어머니는 나를 기다리고 내 편지를 기다리면서 사시다가 세상을 떠나신 셈이다.

생각해 보면 편지를 받을 때의 반가움과 기대 그 순간이 그렇게 기쁠 수가 없다. 기쁨도 전하고 슬픔도 전하면서 정을 이어주고 사랑을 이어주는 편지를 배달하는 집배원의 발길이 얼마나 고마운 것인가를 다시 짚어본다. 예전의 그 시절에 더 많은 편지를 고향에 띄우지 못한 것이 아쉽다.

이제는 내 편지를 기다리던 아버지와 어머니 그리고 형님들의 주소를 모른다. 그러나 오늘도 집배원은 내 집을 찾아 올 것이다. 그리고 고향 마을에도 집배원은 찾아 갈 것이다.

(1994)

추억 속의 노선비

— 건재健齋 선생을 기리며

10월의 문화 인물을 기리는 행사표를 보고 있다.

한글날이 있는 10월의 문화 인물로 기리는 건재健齋 정인승鄭寅承 선생은 일제 강점기에 우리말과 글을 연구 · 보급하다가, 1942년의 조선어학회 사건으로 함흥형무소에서 옥고를 치르기도 했다. 광복 후 대학에서 한글을 연구하고 가르치며, 중단되었던 조선어 사전 편찬 작업을 계승하여 한글학회의 ≪큰 사전≫ 여섯 권의 편찬을 주관한 분이시다.

건재 선생을 떠올리면 조선말을 썼대서 일인 교장으로부터 종아리에 피가 나도록 매를 맞고 종일 벌을 섰던 일이 떠오르기도 한다. 내가 선생을 처음 뵈옵기는 중학교 1학년 때로 둘째 형님과 함께였다. 전북대학교(당시 명륜대학)에 출강을 하실 때다. 선생은 할아버지 외동 따님의 사위요, 나에게는 고

종 자형이시다.

미국에 유학중인 큰아이가 다니러 왔기에 와병중인 선생을 함께 찾아가 뵈옵고 돌아올 때다. 어째 건재 선생님 같은 분을 나라에서 보살펴드리지 않느냐고 묻는 아이에게 선생으로부터 들은 이야기 한 토막을 들려준 일이 있다. 선생께서 미수米壽가 되시던 해 설에 세배를 갔더니 올해로 여든하고도 여덟이라며 이런저런 이야기를 하시던 중, 박정희 대통령을 접견을 할 기회가 있었는데, 집 한 채를 사주겠다는 것을 사양한 일이 있었단다. 당신 한 몸 편하자고 나랏돈을 축내서야 되겠느냐는 말씀이었다. 그때 대학에 재학 중인 선생의 손자 둘이 옆에 있었던가.

선생은 전주에서 전북대학 사택인 널따란 집에 사시다가, 서울로 올라와서는 명륜동 괜찮은 집에 세를 들어 사시더니 삼 년이 멀다하고 차츰 집을 줄여 이사를 하시는 것이었다. 그런 중에도 조금 넓어지는가 싶다가는 또 줄어든다. 자녀들 뒷바라지 때문이었을까. 내가 그 이유를 어찌 알까마는, 그 시절 교직자 대우가 오죽했던가. 물가는 하루가 다르게 뛰어오르던 시절이다.

건재 선생의 형편이 어쩌면 그 시절 교직 공무원들의 실상을 대신 말해 주는 것 같다는 생각이 들기도 했다. 그러나 공무원이라면 다 그럴 것 같은데도 그렇지 않은 경우도 있었던 게 우리네 사회상이 아니었던가.

우리 부자父子가 병문안을 갔을 때 사시던 안암동 집이 선생께는 셋방살이 열두 칸보다 편안한 집이었을 것이다. 그 동안의 빚을 모두 청산하고 당신의 집을 갖게 되었다고 기뻐하시던 말씀이 기억난다. 선생의 모습을 마지막으로 뵌 지도 어언 십 년, 선생께서는 댁에 계실 때면 언제나 한복을 즐겨 입으셨다. 훤칠한 키에 갸름한 얼굴, 하얀 치아를 보이며 웃으시던 노선비의 주름진 모습이 어제 뵌 듯하다. 찾아뵐 적마다 당신께서 기억하시는 내 집안의 안부를 누님보다도 더 자상하게 물으시고, 댁에 크고 작은 경사가 있을 때마다 잊지 않으시고 나를 부르셨다.

내가 대학을 졸업하고 직장에 다니던 어느 날, 선생께서 뜻밖에 전화를 주셨다. 더 늙기 전에 내가 몸담고 있는 곳을 보고 싶다는 것이다. 그날 내 직장을 두루 살펴보시고 반 마음에라도 드셨었는지…….

언젠가는 댁으로 선생을 뵈러 갔더니 친구분들과 약속한 자리에 함께 가자고 하시는 것이다. 다동 어느 다방에 가니 노신사 두 분이 기다리고 있었다. 한 분은 고高亨坤 선생님이시고 한 분은 유劉永大 선생님이셨다. 이래서 젊은 날에 전북대학교 역대 총장님 세 분이 맥주잔을 기울이시면서 담소하시는 모습을 뵐 기회가 있었다. 다음에는 어느 아늑한 집으로 가시는 것을 보고 어른들께서 어울리신 자리에 풋내기가 끼는 것이 어색할 것 같아 돌아왔으나, 뒷날에 생각하니 그때의 어리석

없음이 스스로 부끄러웠다.

다섯 살짜리 큰아이를 데리고 노량진 사육신묘를 찾아갔을 때에 쓴 시조 시時調詩 한 수를 바로잡아 주신 일도 있었다. 내 처녀작인 셈인 데도, 지금 그 시가 어디 숨어 있는지 알지를 못하고 있으나 언젠가는 찾게 되리라 믿고 있다.

서울대학교 캠퍼스가 부산에 있을 때 사범대학으로 입학시험을 치러 간다고 말씀을 드렸더니, 그 대학 김金亨奎 교수를 찾아뵈라며 소개 말씀을 써주신 명함이 어디엔가 있을 법한데 보이지를 않는다. 그때는 김 교수를 찾아뵙지 않았으나 그 명함을 찾게 되면 한 해에 한두 번쯤 공석에서 뵙게 되는 김 교수님께 보여 드리면서 인사라도 드리고 싶다.

선생께서 돌아가시던 해의 봄 어느 날, 화선지 열 장을 갖다 드리면서 글을 받고 싶다고 한 지 한 주쯤 되니, 다 써 놓았으니 어서 가져가라는 재촉의 전화를 주셨다. 사람의 일은 모르는 일일 뿐만 아니라, 이 글이라도 누가 달라면 난처할 것 같아 재촉을 한다는 말씀이셨다.

한글로 넉 점과 한문으로 다섯 점을 쓰시고 화선지 한 장을 버리셨단다. 한글로 쓴 한 점은 큰아이가, 또 한 점은 미국에 사는 딸아이가 간직하도록 하고 나머지 두 점은 조카들이, 한문으로 쓴 다섯 점만 내가 간직하고 있다. 내가 존경하는 김 선배가 선생의 필적을 보고는, 당신이 소장하고 있는 작품과 교환을 하자는 데도 마다한 일이 있다. 김 선배께는 송구스러운 일이나 건재 선생의 마지막 필적이기도 하려니와 선생의 뜻과는 다를 듯도 싶어서였다.

내 집 현관을 들어서면 '근본이 바르면 길이 생긴다本立而道生'는 액자가 걸려 있고, 식당에는 '흐르는 물은 썩지 않고 돌쩌귀에는 좀이 슬지 않는다流水不腐戶樞不蠹'는 액자가 걸려 있다. 후학을 바르게 가르치시려는 뜻이요, 어찌 보면 당신의 마음 바탕을 말씀하신 것도 같다.

안방 응접실 벽에 걸린 액자 속의 '화석정음花石停吟'은 율곡栗谷 선생께서 여덟 살 때 지은 시라고는 하나, 어쩐지 노년의 심경을 떠올리게 하는 글로 다가와 가슴 한 구석을 아리게 한다. "저 기러기는 어디로 가는가塞鴻何處去, 울음 소리는 저무는 구름 속으로 사라진다聲斷暮雲中." 회석정음 마지막 구절이다.

건재 선생께서는 지금 어느 곳에서 어떻게 하루를 즐기고 계실까. 옛날에 사시던 안암동에라도 찾아가면 뵈올 수 있고 그 음성을 들을 수 있을까.

(1996)

45점의 행복

강원도 인제 원통리에서 군복무 중일 때는 어머니께서 68세이셨다.

첫 휴가를 가니 외재종형朴珉燮이 천거한 규수가 마음에 든다고 하시며 만나 보도록 하라는 것이었다. 그러나 아직 장가들 생각이 없었을 뿐만 아니라 그럴 형편도 아니었다.

육군 이등병의 처지로 어찌 결혼 문제를 염두에 두겠는가. 군에 입대하기 전만 해도 누구와 열연熱戀을 할 만한 푼수가 아니요 그럴 여유도 없었다. 참깨 꽃을 한참 피우고 있는 김金俊鎬 선배가 사귀어 보기를 권하는 P양도 있었고, 이李永魯 선생님께서 C양을 두고 은근히 마음을 쓰고 계시나 소극적인 반응을 보이고 있을 때요, 한 번쯤 의사 타진을 해 보고 싶은 대학 후배 K양을 마음에 두고는 있었으나 기회를 얻지 못하고 있던 때이기도 했다.

군에 입대하기 직전까지 일 년여의 대학원 시절이 예기치 못한 일로 갈피를 잡기가 어려웠다. 학자금은 물론 결혼 후에 방 한 칸쯤은 거뜬히 마련할 수 있을 만한 자금을 몽땅 날린 때문이다. 외사촌 형님의 사업 자금으로 빌려 준 것이 화근이었다. 눈앞에 안개가 자욱하던 그때 군에 자원입대를 한 것이다. 그러나 이런 사연들을 어머니께서 아실 리 없었던 것이다.

어머니가 가슴앓이를 심하게 하실 적에 "녀석 다섯 살은 먹여 놓아야 하지 않겠느냐"고 하셨다는 아버지는 내가 열아홉 살 때 돌아가시고 내 나이 스물여덟이나 되고 보니, "나 죽기 전에 너 장가드는 것을 보고 싶다"는 어머니 말씀에 대접이라도 해 드려야 하겠기에 두 번째 휴가 때 오십 리 상거한 곳으로 외재종형을 찾아갔다.

외재종형이 당신과 같은 직장에 근무하고 있는 유柳載烈 씨를 불러내어 음식점에서 자리를 함께했다. 예의 그 규수 오빠다. 수인사 후 술 한 잔을 나누는데, 탁주 한 되를 셋이서 마시고는 그만 마시자고 한다. 간에 기별이나 했겠는가. 술 두 되를 더 시켜 마셨다. 그러고 나니 저녁에는 사범학교 시절에 가까이 지냈던 동기요 그곳 초등학교 교사로 있는 성成哲洙 군이 식사 초대를 한다는 것이다. 그런데 뜻밖에도 그 고을 면장으로 있는 유 씨의 숙부가 동석한 것으로 보아 외재종형의 연출인 성도 싶었다. 어쨌건 술은 주는 대로요 밥은 더 청해 먹었으니, 그 무렵의 내 식보도 무던했던 것 같다.

유 씨의 집은 면청 소재지로부터 이십 리쯤 떨어진 곳에 있었다. 규수를 만나 보도록 하라는 외재종형의 말인즉 일정을 따로 잡아 백 리쯤 밖의 전주가 아니면 대전쯤이 좋을 것 같다는 것이 규수 오빠의 의견이란다. 기왕에 여기까지 왔으니 내 일이라도 만나게 해 주던지 아니면 없었던 일로 하자는 것이 내 입장이었다. 이튿날 삼십 리쯤 떨어진 곳에서 맞선을 보기로 했으니 절충안쯤 되는 것이었던가.

그렇게 마련된 자리에는 유 씨와 그의 여동생 그리고 외재종형과 내가 전부다. 병아리 눈물만큼의 반주를 곁들인 점심을 나누고 나서 내린 내 나름의 평점은 45점이었다. 외재종형은 기가 찼을 거다. 그보다도 '별로'라는 말만을 남기고 서울로 와서 빈둥거리다가 귀대를 했으니, 어머니의 가슴이 얼마나 답답했겠는가.

세 번째 휴가를 갔을 때 어머니의 성화는 한 발 더 다가서 있었다. 유 씨 가문이 어떻다는 것은 이미 알고 있을 터, 둘째 형님을 시켜 먼빛으로라도 유 규수를 보고 오도록 했음은 물론, 줄이 닿는 데까지는 탐색을 하신 결과를 털어놓으시면서 남의 댁 규수를 맞선까지 보고서 말도 없으면 어찌 되겠느냐고 겁까지 주시는 것이다. 하기 사 우리 집에서만 해도 맞선을 본 두 누님의 경우 모두 성사가 되었으니 망정이지, 그렇지 않았더라면 조선조朝鮮朝 여인께서는 문밖출입도 못하였을 성싶다. 말이 맞선이지 500여 미터 밖에서 그림자만 보도록 한 게 아니던가. 막내 누님의 경우만 해도 그렇다. 누님은 마당에서 키질을 하거나 집 앞 개울가에 나가 빨래를 해 오도록 하고는 총각으로 하여금 뒷동산에서 먼빛으로 훔쳐보게 하는 정도가 고작이었다. 각본과 연출 그리고 감독은 어머니 몫이었다.

새 나라의 교육을 받은 내가 아니던가. 맞선 한 번에 결론을 내리지 않을 고집을 아시는 어머니께서는 내가 휴가를 오면 꼭 만나게 해달라는 부탁을 수차 하더라며 또 외재종형을 찾아가 보라는 것이다. 차일피일하다가 귀대할 무렵 어머니의 성화를 이기지 못해 외종형을 찾아갔다. 그런데 밤늦도록 도란거린 다음날 형은 나를 데리고 예의 규수 오빠 유 씨 댁을 찾아갈 요량인 것이다. 형이야 허물이 없을지 모르나 나로서는 난감한 일이다. 그러나 푸른 제복의 육군 일등병이 어딘들 못 가랴.

유 씨 네 집 사랑방에 앉아 주고받는 이야기라는 게 뭐 그리 흥미로울 게 있겠는가. 내가 앉아 있는 방이 유 양의 방이기라도 했었다면 몰라도 말이다. 누구로부터인가 귀가 잘 생겨야 복이 있다는 말을 들은 적이 있었다. 지난번에는 귀가 머리결에 가려서 볼 수가 없었기에 여기까지 온 김에 귀라도 확실하게 보아 두고 싶었지만, 점심상이 들어온 뒤에사 겨우 물심부름을 하는 정도라 유 양의 귀는 여전히 신비의 장막 속에 있는 셈이었다. 그렇다고 왕성한 식욕이야 어디 가겠는가. 그

집 밥그릇은 어찌 그리 작은지 한 그릇을 더 청했더니 밥도 잘 먹는다며 박장대소하는 어느 여인의 웃음소리가 내 귀에까지 들려왔다.

어쨌거나 점심 한 상을 잘 대접받고 외재종형은 당신 집으로 가고, 나는 버스를 타기 위해 이십 리 낯선 길을 찾아 나서는데 전송을 하러 나온 유 양의 오빠 왈, 어른께서 용납을 하지 않으시니 앞서 가면 자기 동생을 뒤에 내보내겠다는 것이다. 그토록 귀한 딸을 지리산 청석골이라면 몰라도 어떻게 부산이며 서울로 공부를 시킨답시고 내보냈을까 싶다. 반 마장쯤 갔을 때 내 뒤에 먼빛으로 유 양이 나타난다. 버스길까지 가는 동안 겨우 응답이 가능할 거리를 두고 걷는 것이다. 묘 벌의 잔디 위에 앉아 쉴 적에도 두 팔을 뻗어 닿지 않을 거리 2미터 간격은 틀림없이 유지한다. 이렇게 시오 리를 걸어 나오면서 주고받은 대화중에서 기억에 남는 것은 "나는 앞으로 10년쯤 형님들과 고락을 함께해야 할 것"이라고 했던 말뿐이다.

그러고 집에 돌아와서는 정작 어머니께 시원한 대답을 드릴 수가 없었다. 편지를 드리겠다는 약속만을 남기고 서울로 와서 며칠을 보내다가 귀대를 한 날 저녁, 빈 주머니로 전우들과 함께 영외營外에 있는 주보를 찾아갔다. 외상이면 소라도 잡을 때다. 얼마나 마셨던지 밤늦게 내무반으로 갈 수가 없어 함께 사무실에서 자기로 했다. 그런데 책상 위에 눕는다는 것이 얼굴을 땅바닥에 문지르고 말았으니 어쩌랴.

다음날 얼굴에 그려놓은 세계지도를 보면서 외재종형한테 편지를 썼다. 과음으로 몸을 다쳐 얼굴이 상처투성이요 불구가 될 상태인지라 결혼 문제를 놓고 운운할 형편이 못 된다는 내용이었다. 어머니한테는 극비로 해 달라는 부탁을 덧붙였음은 물론이다. 그런데 뜻밖에 유 양으로부터 편지가 왔다. 간호를 해 주지 못해 안타깝다고?… 그러고는 지난번 나를 전송하고 돌아가서 자기 아버지한테 크게 꾸중을 들었다는 이야기를 말미로 은근히 압력을 가하고는 사진을 동봉했다. 편지에 비친 용기로 미루어 가산점으로 5점이나 10점을 더 줄까 말까를 생각하는 데도 꽤 시간이 걸렸던 것으로 기억된다.

그러고 서너 달 뒤 휴가를 갔더니 어머니께서는 그간의 사정을 아시는지 모르시는지 양반 댁 규수가 시집도 못 가게 되었다며 걱정이 태산이다. 신식 젊은이가 2미터쯤 간격을 두고 걸으면서 몇 마디 주고받은 것이 뭐 그리 큰 허물일까. 조선조 여인을 이해시키기도 어려우려니와 그렇다고 청석골 같은 유씨 댁을 찾아가 따질 수도 없는 노릇이다. 귀대 길에 오르려고 마루에 걸터앉아 워커 끈을 매고 있는 나를 붙들고 대답을 받아내려는 어머니의 성화가 대단하시다. "저는 모르겠어요. 어머니 좋으실 대로 하세요." 그날 나는 서울로, 사성 보따리는 그 청석골로 달음질쳤던 것이리라.

두 달 뒤 그 유 양이 면사포를 쓰고 나와 나란히 섰으니 어머니는 뜻을 이루신 것이다. 그래서 어머니께서는 막내며느리에게도 시집살이 한 번 시키려 하지 않으셨던 것일까.

세월을 삭히다 보니 기고만장하던 육군 상등병은 쇠퇴 일로로 현재의 45점짜리요, 옛날의 45점짜리는 인기가 상승일로라 아들딸을 독차지하고 있으니 세월을 탓해 무엇하리, 이런 때 선심이나 써 둘 일이다. 95점쯤 올려준다고 해서 손해를 볼 것도 없을 것이니 말이다.

(1998)

새로 맞는 입춘立春

현관 좌우의 나무 기둥에 액자를 하나씩 걸어 놓았다. 입춘대길立春大吉 건양다경建陽多慶이라 쓴 춘방春榜이다. 스무 살 나이의 입춘서立春書다.

고향집이 '용담댐' 공사 때문에 헐리게 되었기에 떼어다 표구를 했다. 열다섯 해 전, 장형 생존 시 고향집에 써 붙였던 춘방이다. 행랑채 문지방 위 춘방은 큰조카네 집에, 안채 문지방 위 것이 내 집 현관에 걸려있다. 입춘 날 그 액자의 먼지를 털고 닦아낸 뒤 새로운 마음으로 다시 걸어놓는다. 이것이 나의 춘축행사春祝行事다. 오늘이 그런 날이다.

고향집은 안채와 행랑채가 ㄱ자 형으로 전면의 기둥이 모두 열두 개였다. 입춘 절엔 기둥마다 주련柱聯도 새로 써 붙였었다.

춘광선도길인가春光先到吉人家
화기자생군자택和氣自生君子宅
일근천하무난사一勤天下無難事
백인당중유태화百忍堂中有泰和

정지(부엌)문에도 춘방을 붙인다. 금동포신래金童抱薪來 옥녀급수치玉女汲水致와 같은 평화롭고 아름다운 한 폭의 그림을 연상시키는 문구다.

예전의 대가족은 효우근검孝友勤儉의 마음가짐을 바탕으로 서로 이해하고 참아가면서 오순도순 잘도 살았다. 그러면서 어려운 살림도 불화 없이 잘 꾸려갔다. 생기는 대로 나누어 먹고 생기는 대로 나누어 입으며 살았다고나 할까.

입춘은 봄을 잉태하고 있는 언 땅을 녹여주는 봄의 시작이다. 지수화풍地水火風의 사대설四大說도 있다. 흙을 더럽히고 물을 흐리게 하고 대기를 오염시키고서야 어찌 생물이 살아나길 바라겠는가. 에너지의 낭비는 자원의 낭비요 과소비는 공해를 유발시켜 생태계를 파괴하며 자연의 조화를 깨뜨린다. 더럽혀지고 훼손된 환경 속에서는 생산도 생존도 있을 수 없다.

그래서 대문짝에 소지황금출掃地黃金出이란 춘방을 써 붙였을 것이다. 지난날엔 고샅과 마당에 비질만 해도 마음속까지 맑아졌다. 마을 앞 개울물은 그대로 식수다. 울타리와 담장은 있으나 마나요, 대문의 빗장은 걸지도 않는다. 일차원적 삶의 양태다. 그러기에 순박하다. 서로 믿고 산다. 마음도 편하다. 마음의 문도 활짝 열고 산다. 그래서 개문만복래開門萬福來라는 춘방도 써 붙였을까.

나와 가정, 이웃과 사회, 주위환경과 자연이 서로 깨끗한 조화를 이루어 갈 때 거기에 믿음이 생기고, 정이 솟고 생기가 돈다. 웃음이 있다. 넉넉함이 있어 살맛이 난다. 국태민안國泰民安 세화연풍世和年豊의 춘방을 큼직하게 써 붙이고 싶은 춘축심春祝心이 샘솟는다. 이것이 곧 어진 백성의 소망이요 기쁨이 아니겠는가.

요즈음은 상공본위의 핵가족시대다. 빌딩의 숲, 아파트 숲에 숨이 막힌다. 가족 간의 간섭도 성가시단다. 이웃에 무관심하다. 철 대문을 닫아걸어도 마음이 놓이지 않는다. 말문도 닫고 산다. 현대를 산다는 것은 경쟁이요, 도전이라고 생각한다. 하면 된다는 사고다. 이런 푯말을 마음의 한가운데에 꽂아놓고 지독한 이기 속에서 자유라는 색종이로 도배질해 놓는다.

아이들은 젊은 부모의 과보호 하에 에고(Ego)의 경쟁전사로 자란다. 수입에도 소비에도 선두심리先頭心理가 작용한다. 위가 없고 아래도 없으며 이웃도 없다. 과거는 오불관吾不關이요, 미래는 그때에 가서 볼 일이다. 지금 이 순간만이 있을 뿐이다.

자유와 민주라는 것이 순리에 따른다는 뜻이라 할진대, 그 순리는 자연이다. 자연에서 배우고 자연을 사랑하고 자연에서 산다는 것은 곧 주위 환경과 어울려 순리대로 산다는 것이리라.

가족이, 일가친척이, 이웃이 주위 환경이요, 가장 가까운 자연의 일부다. 어찌 이들 주위를, 자연을 멀리할 것인가. 우리 인간들은 무심결에 내 자연을, 내 환경을, 내 몸을 스스로 할퀴고 찢고 멀리하면서 살고 있는지도 모른다. 그러면서 현대의 문화인연 한다.

알게 모르게 나 자신도 현대병 환자가 되고 말았다. 그러기에 오늘따라 입춘의 뜻을 되새겨보고 있는지도 모른다. 입춘서 속에 인간적이고 순리적이며, 자연스럽고 민주적인 홍익의 뜻이 함축되어 있는 게 아닐지… 자유와 질서와 평등을 염원하고 천만세의 번영을 기원하는 것이 춘축의 마음바탕이 아닌가 해서다.

시대의 변화, 세시풍습은 달라졌다 해도, 춘축 관습을 농본시대의 유교적 유물로 제쳐버리기엔 무엇인가 아쉬움이 있다. 흙을 사랑하며 흙을 주무르면서 살아온 옛사람들의 일차원적 발상의 맥 빠진 전통으로 여기고 잊어도 될까.

갈피를 잡기가 어려운 현대인의 마음 다스림에 이런 옛 것이 도움을 줄 수도 있다. 나 자신이 춘축 관습을 제대로 알고 입춘서들을 섭렵한 바는 아니다. 형님이 즐겨 쓰던 춘방들을 다 기억하지 못함이 아쉽고 부끄럽다. 이젠 형님들도 다 고인이다. 고향마을도 용담 댐 공사로 수몰된다고 한다. 고향집의 입춘서를 모두 거두어올 수 없었던 것이 애석하고 죄스럽다.

예술성이나 미학적인 것은 별개다. 얼이 스며있고 정이 배어 있기 때문이다.

어릴 적 아버지께서 입춘서를 쓰시는 것을 몇 번인가 본 기억이 있다. 형님이 쓰던 춘방문구들은 아버지께서 좋아하시던 문구들일 거라고 생각한다. 아버지께선 해서체를, 형님은 행서체를 즐겨 썼다.

지난 연말로 30년 10개월 14일의 직장생활, '나의 직업전선'이라는 무대의 막을 내렸다. 무대에서의 무기력은 많은 사유를 낳고 뒤를 돌아보게 한다. 학창을 거쳐 군복무를 마치기까지 스무 여덟 해에다가, 눈치를 살필 줄 모르던 직장 초년의 두 해 동안을 합쳐 서른 해 동안을 청순한 내 삶이라 하고 싶다. 직장에서의 그 기간을 잘라내고서 올해를 내 나이 서른한 살이 되는 해이고 어떤 이들처럼 새 삶의 원년이라 하고 싶다.

누군가는 마흔 살 이전에 할 일을 멋지게 마치고 가는 이가 천재요, 보기 흉하지 않아 좋다고 했다. 인생은 쉰 살이면 다 산 것이요, 쉰 이상은 부록으로 살면 된다고 한 이도 있다. 참으로 부러운 이야기다.

우리나라의 평균수명만 해도 70을 넘어섰다. 남의 나이를 먹는다는 옛말이 있다. 심신만 건강하다면야 나이 많음이 어찌 허물이겠는가. 내 나이를 어찌 남의 나이라 하랴.

언젠가 나는 억울해서 일찍 죽지 못하겠다는 생각을 해본 적이 있다. 이젠 잊어야 할 것들이다. 남의 나이라 해도 좋다.

부록인생이래도 좋다. 아버지와 형님들의 염원, 그리고 어머니가 기원하시던 소망의 반의반만이라도 담을 수 있는 사람이고 싶다. 그것을 대치할 수 있는 일, 그것이 한 편의 문학작품이라도 좋고 한 폭의 서화라도 좋다. 흙냄새 스미고 송진 냄새가 배어 있고 풀피리 소리가 어우러진 것이면 좋겠다.

벼루에 먹을 갈고, 붓에 먹물을 듬뿍 찍어 일필휘지一筆揮之, 입춘서를 쓰고 싶다. 코로 스며드는 묵향에 가슴이 트이고 머리가 맑아지도록 하고 싶다. 비록 '서른한 살'의 청춘일망정 앞으로 많은 입춘을 맞게 될 것이다.

아직은 잿빛 풍경, 수은주는 영하에 머물고 정원의 나무들이 깨어나지 않고 있으나 곧 새로 움이 돋고 꽃을 피우리라.

(1994)

신방돌에 얽힌 사연

둘째 형님이 살던 집은 선대에서 사시던 집으로 안방 마루로 오르는 토방에 두툼하고 갸름한 네모꼴의 호박색 신방돌이 있었다. 옛날에 할아버지 신이, 그리고 할머니들의 해산 때 신발이 놓였던 신방돌일 게고 둘째 형님이 아끼던 신방돌이다. 때때로 그 신방돌이 생각나고 사십 년 전의 일들이 떠오른다.

전주사범을 졸업할 무렵이다. 진학을 위한 과외수업도 모르는 척했던 내가 막상 입학원서가 교부될 적에는 갈등을 일으켰다. 서울의 대학들이 부산에 피난 중이며 교통이 불편한 때라 대학생들이 아르바이트를 겸해 입학원서를 가지고 와서 팔고 있었다. 그래서 나도 오십 환을 주고 서울대학교 입학원서 한 부를 샀다.

그러나 아무리 생각을 해보아도 진학이 어려울 것 같아 다음 날 그 원서를 되팔고 차라리 홀가분한 머리로 숙소에 돌아오니 하교하는 대로 일가 아저씨 댁으로 와달라는 메모가 되어 있는 명함이 책상 위에 놓여 있다. 내 나이가 열 살 아래라서 나를 애기 대부라 부르는 종손 춘택從孫 春澤의 명함이다. 서둘러 찾아가니 애기 대부 진학문제 때문에 왔단다. 종산宗山의 아름드리 소나무들을 팔아서라도 내 학비를 대기로 종중의 협의가 있었으니 진학 준비를 하란다.

그때의 사범학교 출신은 사범대학 이외의 대학에 진학하려면 육 년 간에 걸쳐 받은 국비 장학금을 한꺼번에 반납해야 했다. 그래서 의과대학을 지망하려던 나는 서울대학교 사범대학 생물과에 원서를 냈다. 시험일까지는 약 한 달, 밤샘으로 열심히 공부를 하긴 했으나 합격할 자신은 없었다. 입학시험이 임박해 집에 가서 형님들께 자초지종을 이야기하니 금시초문이란다.

기왕에 원서까지 내놓았으니 시험을 치르도록 하라는 둘째 형님과 아예 수험을 포기하는 것이 좋을 거라는 큰형님, 그리고 두 형님의 결정에 따르겠다는 셋째 형님이다.

큰형님은 내가 응시만하면 합격을 할 것으로 믿었고 둘째 형님은 아무리 시험을 잘 치르더라도 쌀 몇 십 짝은 들여야 할 것이니 내 소원이나 풀어주자는 생각이셨는지도 모른다. 그때만 해도 돈의 가치를 쌀의 단위로 가늠하던 시절이다.

칠 남매 중 막내인 내 학비는 애당초부터 형님들의 몫이었다. 아버지는 두 해 전에 작고하셨고 어머니는 내가 중학교 진학 때부터 만류이셨다.

콩나물시루 같은 경부선 열차를 타고 부산에 가서 입학시험을 치른 뒤 사범학교 졸업식을 마치고 집에 온 지가 한 달 남짓 되었던가. 서울대학교 입학식 날인 4월 5일이 지났는데도 아무런 소식이 없다.

초등학교 교사 발령이라도 받기 위해 진안 교육구청엘 가느라고 집에서 오리쯤 걸어 나왔을 때에 집배원을 만났다. 내 집에 서울대 봉투에 든 두툼한 우편물을 배달했다는 말을 듣고 급히 되돌아와 보니 합격통지서다. 그러나 기쁨도 잠시일 뿐 그 날이 4월 10일이다.

합격통지서가 예의 대학 3학년에 재학 중인 김金俊鎬 선배의 편지와 함께 모교로 가서 생물선생님이셨던 김金載厚 선생님의 편지까지 동봉되어 내 집에 도착되기까지 스무 날이나 걸렸던 것이다. 이젠 서둘러서 등록금을 들고 대학으로 찾아가보는 도리밖에 없다. 동네 사랑방으로 논밭으로 형님들을 찾아가나 합격의 기쁨보다는 비상경보다.

큰형님께서는 전답을 팔아서라도 학비를 대시겠다 하고 둘째 형님은 한숨만 길게 내쉰다.

그 후로 삼 형제 분의 구수회담은 계속되나 춘궁기의 농촌에서 거금을 마련하기가 쉬울 리 없다. 어찌 되었건 둘째 형님을 더 조르는 것이다. 입학시험을 보라고 했다는 핑계도 있으려니와 보다 발이 넓고 수완도 있다는 것을 알기 때문이다.

하루 이틀 날짜만 가는 것에 안달이 나 견딜 수가 없어 둘째 형님 댁을 찾아가니 내외분이 방에 계신다. 마루에 걸터앉은 채로 둘째 형님의 속을 아무리 긁어도 시원한 대답이 없다. 저만큼에 놓여있는 커다란 쇠메를 들고 와서 신방돌을 부수겠다고 개구쟁이 짓을 해도 묵묵부답이다. 어쩌랴 끝내는 두 동강을 내버렸다. 그제 사 형님께서는 “알았다, 알았어!…” 하시며 밖으로 나간다. “진작 그러실 일이지” 낸들 더 할 일이 있었겠는가.

그런 일이 있은 사흘 뒤 큰형님 댁 바로 앞에 새로 지어 둔 집이 팔린 것이다. 뒷날 내가 장가라도 들면 살도록 하려고 형님들께서 새로 지어놓으신 집이다. 형님들께서 주신 돈을 염치도 없이 받아 넣고 집을 나선 것은 4월 18일 오후이었다.

우선 전주로 가서 부산 내왕의 교통편이며, 대학의 학사에 밝으신 고종자형(당시 전북대 부총장이셨던 健齋 鄭寅承 박사)을 찾아 갔다. 20일 아침 여덟 시 전에만 대학에 도착하면 입학수속이 가능하리라며 궁금한 것들을 자상히 일러주신다.

다음날 전주역에서 여수 행 기차를 타려고 줄을 서 있는데 같은 학과에 응시했던 동기생 김金喆洙군이 출찰구에서 나오는 것이 보인다. 신입생 등록을 마치고 강의를 받다가 고향집에 볼 일이 있어 오는 중이라며 이렇게 늦게 가도 등록이 가능할지 모르겠다는 말만을 뒤로 총총걸음이다.

그날 여수에서 배표를 사면서 용돈을 소매치기 당한 것도 생후 처음 있었던 일이다. 따로 깊숙이 간직한 등록금을 안전한 상태로 부산에 도착한 것은 다음날 아침 일곱 시.

서대신동으로 김 선배를 찾아가 아침밥을 설치게 하고 함께 생물과 과주임이신 최崔基哲 교수님을 찾아가니 식사 중이시다. 최 교수께서는 활짝 반가워하시면서 들었던 수저를 놓고 일어서신다.

대학 서무과로 가니 여덟 시 반에 출발할 예정이었다는 서무과장이 대학본부 및 문교부와 국방부에 제출할 서류 보따리를 끄른다. 같은 서류가 세 벌, 생물과 신입생 명단의 맨 끝에 단 한 칸의 공란이 있었다. 묵지를 대고 쓴 서류에 만년필로 내 이름을 써 넣고 난 최 교수께서는 그제 사 마음이 놓이는지 숨을 길게 내쉬시고는 다음 일을 일러주신다.

등록금을 내고 나니 서무과의 한韓 주사가 교복을 맞추란다. 다음에 맞추겠다고 했더니 내 앞자락을 잡아 흔들면서 서울대학교의 체면이 깎인다 하던가. 그 옷은 셋째 형님이 일제 때에 북해도에 징용으로 가서 석탄을 파면서 모은 돈으로 사 입었던 단 한 벌의 국방색 양복이었다. 입학시험을 치르러 올 때는 후배 유劉晃相군의 새 사지 양복을 빌려 입었으니 부잣집 자식으로나 보였을까.

내가 대학에 입학을 할 수 있었던 것은 항상 꿈을 그리며 살던 종손 춘탁의 허풍(?)이 주효했기 때문이다. 건재 선생의 도움이나 최 교수님과 김 선배의 배려가 없었던들 가능했겠는가. 요즈음의 대학이라면 이와 같은 경우 등록을 받아줄까

조금만 철이 들었더라도 포기를 했어야 할 일이었다. 그랬더라면 형님들을 그렇게 고생스럽게 하진 않았을 거다. 입장이 바뀌었다면 그런 어려움 가운데 나는 형님들처럼 할 수가 있었을까. 막내동생이라는 것과 나이 어리다는 것만으로 모든 것을 용서 받을 수 있었던 그때가 행복한 시절이었다.

둘째 형님은 두 쪽이 된 그 신방돌을 기념으로 두시겠다며 다른 돌로 바꾸어 놓지를 않았다. 교육적 의미 이상의 뜻이 있었으리라. 뒷날 그 신방돌이 어떤 박물관에 진열이라도 되기를 바라셨던 것일까. 지금은 그 집에 다른 사람이 살면서 다른 돌로 바꾸어 놓았을 것이다.

지금 나는 아버지와 어머니 그리고 형님들이 계시는 곳도 모르고 있으나 어디선가 나를 지켜보고 계실 것이다. 그러면서 미련하다고, 무능하다고, 제대로 철이 들려면 아직도 멀었다고 걱정을 하실 것 같다. 어쩌면 그 신방돌만큼의 몫도 하지 못했다고 하실지 모른다.

(1995)

참새들의 짝사랑

이른 아침이다. 정원에서 참새 소리가 들려온다. "짹! 짹!, 째잭! 짹짹!…….

한참을 듣고 있노라니 예전에 듣던 고향의 참새 소리와는 다르게 느껴진다. 어딘가 모르게 외롭다 할까 고달프다 할까, 무엇인가를 애타게 찾고 있는 것 같은 애처로운 소리다.

고향의 초가집 처마 끝에 새 아침이 밝아오고 솔가지 타는 연기가 파랗게 피어 오를 즈음이면 참새들은 둥지를 빠져 나와 생 울타리에 모인다. 밤새의 안녕을 기뻐하고 이웃을 반기며 그날의 희망을 부풀리는 참새들의 재잘대는 소리는 생동하는 새 아침의 코러스이다.

도시에서 사는 참새들은 낮에는 쫓기고 밤엔 고향 꿈을 꾸는 것일까. 분별없는 소음에 귀를 구기고 분진과 악취에 숨이 막힌다. 가로수도 눈물짓는 최루가스에 재채기를 하고 숨을 헐떡여야만 한다. 겨울에는 얼음장 같고 여름에는 불덩이요, 장마철엔 빗물이 스미는 낡은 기왓장 밑에서 밤잠마저 설쳐야 한다.

엊그제 출근 때의 일이다. 사무실의 계단을 오르려는데, 참새 두 마리가 유리창을 기어오르며 푸드덕거리고 있었다. 세상 나들이에 서툰 놈들 같다. 사무실에 먼저 나와 있는 직원들에게 계단실에 참새가 있다는 말을 했더니 호기심이 많은 이李鍾南군이 나갔다 온다. 한 놈은 반쯤 열려 있는 창을 통해 날아가고 한 놈은 현관 벽에 걸려 있는 커다란 거울에 머리를 세차게 부딪치고 바닥에 나동그라지더니 잠시 후 살아나기에 밖으로 내보냈단다.

참새가 인간이 만들어낸 유리나 거울의 마술을 알 리 없다. 현관문을 통해 거울에 비친 정원의 푸른 그림자들을 보고 착각을 한 것이다. 거울에 부딪는 순간 눈에 번쩍 번갯불이 튀었을 게다.

삼십여 년 전, 처음 직장第一物產洋行에 입사한 지 몇 달이 되지 않았던 여름 날 오후였다. 열려 있는 창문을 통해서 참새 한 마리가 사무실로 날아들었다. 양면의 벽이 맑은 유리로 마감되었으니 착각을 할만도 하다.

후덥지근한 책상머리에서 젊은 사원들의 엉덩이에 좀이 쑤셔대던 판에 핑계거리가 생긴 것이다. 사무집기들이 널려 있는 사이에서 쫓고 쫓기는 희비극이 벌어진다. 책보자기를 휘두르는 친구, 파리채, 빗자루, 걸레자루가 등장하는가 하면 허리띠를 빼 들고 위협을 하는 등 얼굴들의 생김새만큼이나 다양한 참새 포획전술이 난무했다.

한동안의 소동 끝에 가까스로 참새가 잡혔다. 공기가 통할 수 있도록 듬성듬성 구멍을 뚫은 커다란 종이상자에 참새를 넣어놓았다. 그러고는 물을 주고 파리를 잡아다 주고 어떤 친구는 부채질을 해주기도 하고 트랜지스터로 경음악을 들려주는 등 요지경 속 봉사가 이어진다.

배꼽이 웃을 일이었다. 그때의 내 꼴도 떠올려 본다. 참새의 그 작은 눈에 인간의 모습들이 얼마나 우스꽝스럽게 보였을까.

사람의 눈이 크다고 해서 작은 참새 눈 속의 슬픔을 어찌 다 볼 수 있다 할 것인가. 그 참새는 두 시간이 채 못 되어 숨을 거두고 말았다.

누구의 제의였던가, 참새의 장례를 치르자고 한다. 인간의 우매함이 한 생명을 저버리게 한 잘못을 뉘우치고 참새의 원혼을 달래기 위해서라 할까.

애도의 정을 담은 부고장을 공장 내 전 사원에게 돌리면서 조의금 신입도 받았다. 맨 나중에 공장장 정鄭判錫 상무님을 찾아갔더니 회람문回覽文을 읽어보고 나서는 "자네가 썼구먼!" 하면서 내 얼굴을 쳐다본다. 멋적어 묵묵히 서 있으니, "술 생각이 나는 게로군" 하며 금일봉을 내주신다. 참새 장례를 잘 치르라는 당부도 잊지 않던 정 상무님의 호쾌한 멋을 지금도 잊을 수가 없다.

저녁 여덟 시에 삼십여 명의 '조객'이 참석한 장례식은 짓궂게도 절차를 따져가며 진행되었다. 노을에 타고 있는 산마루에 드리운 구름자락을 보며 널판자 울타리로 둘러싸인 단골집 식당의 마당에서 참새의 시신을 화장하는 모닥불이 타올랐다.

"만물의 영장이요, 지혜와 덕, 자비와 사랑이 넘쳐야 할 인간세상을 찾아온 자연참공自然眞公 새鳥님의 성급한 가심이여!"로 시작된 조사는 참새가 하고 싶을 게라고 여기는 말들을 줄줄이 엮어놓은 통탄문痛歎文이었다.

슬픔에 젖어서 일까. 모닥불에 익었을까. 술기운 때문일까. 조객들의 얼굴이 노을빛으로 익어갔다. 참새들의 영혼에게 들려주는 조가弔歌는 유행가이었다. 허수아비에 놀라고 빈 양철통 소리에 쫓겨야 하는 기억을 간직한 영혼을 달래겠다는 허울이다. 그것도 구슬픈 곡조요 한풀이 같은 가락들이다.

참새는 참새益鳥다. 사람들과 한 지붕 밑에서 살고 싶어 한다. 처마 끝에 조심스럽게 둥지를 만들어 작은 몸 하나 의지한다. 알을 낳고 새끼를 두고도 문단속도 없이 일터로 나간다. 참새는 사람을 믿고 싶어 한다. 한가로이 새장에다 새를 기를 틈이 없는 사람들의 집에서도 살아주는 새다. 새장에 가두어 놓지 않아도 언제든지 볼 수 있고 새 소리를 들을 수 있다. 한 지붕 밑에서 살면서 틈만 있으면, 마음만 놓을 수 있다면 사람들과 가까이 하려는 새다. 농민을 괴롭히는 벌레도 잡고 논밭의 잡초 씨도 주워 먹는다. 그러면서도 인간들의 곡식 몇 알 먹으려다가 호통을 맞아야 하는 운명을 지녔다.

해질녘 대나무 숲에 모여 재잘대면서 작은 가슴을 노을빛으로 물들이는 참새들이다. 그날의 성과를 달아보고 재보면서 반성도 하고 기뻐도 하는 것일까. 하루 종일 불안 속에서 지내야만 했던 벗들을 반기며 하루의 안녕을 다행으로 친구의 괴로웠던 일을 위로라도 하는 것이리라.

이들에게 그 작은 머리를 갸우뚱거리며 눈치 보는 버릇과 무리 짓는 습성과 급한 성깔이 왜 생겨났으며 인간들의 곡식밭을 무리지어 작살내는 행패는 어찌해 생기게 되었을까.

온 천지가 눈으로 덮인 때 참새들은 눈 속에서 먹이를 찾을 수 없기에 인간들의 헛간을 찾아 든다. 배가 고파서다. 그러나 인심이 후하다는 농촌에서도 이들에게 좁쌀 한 알인들 던져주던가. 오히려 배고픈 참새들의 약점을 이용하여 덫을 놓는다. 그들의 작은 가슴팍 살 한 점에 탐을 낸다. 그래서 참새는 짝을 잃기도 한다. 그러면서도 사람들은 "아침에 우는 새는 배가 고파 울고요, 저녁에 우는 새는 임이 그리워 운다네…"란 노래를 곧잘 부른다.

낭만을 잃지 않으려 버둥대는 새. 참새는 정녕 인간을 짝사랑하고 있을 게다. 어리석은 사람을 비유해서 참새머리라고 한다. 참새는 가끔 착각도 잘 한다. 참새에게 착각의 순간들이 있기에, 망각의 머리를 가졌기에 동강난 꿈일망정 섭섭하다 하지 않고 살아갈 수 있는 것이 아닐까.

도시의 참새도 농촌의 참새도 까치밥의 뜻을 알고 있을 게고 '고시래'의 유래를 알고 있을 게다. 그래서 참새들은 인간에 대한 짝사랑을 버리지 못하고 있는지도 모른다.

(1993)

초동樵童의 상경기上京記

부산 대신동 피난 교사에서 대학 일 학년 한 학기를 마친 뒤 고향에서 여름방학의 절반을 보내고 서울로 왔다. 수복된 서울 캠퍼스에서 시작될 2학기 개강에 대비하기 위해서다. 그때 고향집 마당가 담장 밑에서는 과꽃이 흐드러지게 피고 신작로 길섶에서는 코스모스가 하늘거리고 있었다.

보름 전부터 상경할 예정이었으나 노자 마련이 쉽지 않았다. 그 무렵 농촌에서는 추수 때 갚아 주기로 하는 장리쌀이 연리年利로는 4할 변이나 달수로 따지면 곱장이도 더 되었는데, 이것마저 얻기가 어려웠다.

큰형님의 수중에 있던 천오백 환만을 가지고 길을 나서기로 했다. 큰형님께서는 마음이 놓이시지 않아 가게에서 새 운동화를 외상으로 사서 신겨주시며 거처가 정해지는 대로 편지를 하라는 당부를 거듭하신다.

장작을 산더미처럼 실은 트럭 위에 올라타고 오던 중 마전馬田 고갯길에서 차가 멈춘다. 그때가 저녁 여덟 시경, 근처엔 인가도 없다. 모닥불을 피워 놓고 차가 고쳐지기를 기다리는데 볼 일이 있어 대전大田까지 동행하게 된 둘째형님이 막내동생의 한양 길에 고생이 많다며 어린아이 보살피듯 하신다. 밤 열한 시가 넘어서 대전에 도착하여 다음날 서울행 기차에 올랐다. 둘째형님의 당부가 한 보따리는 되었다.

을지로 오가에서 서울대학교 사범대학 간판이 반긴다. 교정에 들어서니 부산으로부터 올라온 짐짝들이 어수선하다. 아직 학교의 업무가 개시되기 전이다. 우선 유숙할 곳을 찾아 나섰다. 그때의 가을 해는 어찌 그리 짧았는지 모르겠다. 걸 맞는 숙소를 찾아내기도 전에 어둠이 깔린다. 낯선 골목이 어둡기만 하다. 몸에 지닌 거금 천오백 환의 안부를 자주 살핀다. 지난 4월에 대학 입학등록 차 부산을 가면서 여수에서 여비 일부를 소매치기 당했던 기억 탓이다. 여인숙 몇 군데를 둘러보다가 파출소를 찾아가 알맞는 숙소를 찾는데 도움을 청했다. 순경의 안내를 받은 곳 역시 하룻밤의 유숙비만 이백 환, 내가 보고 다닌 곳과 진배없다. 내 분수와 밑천으로는 격에 어울리지 않는다. 다시 학교 정문께로 왔다.

학교 담벼락에 몸을 기대고 앉아 을지로 5가 대로의 분주奔走를 본다. 몇 권의 책과 흰 무명실과 노랑 무명실을 섞어 짠

골 베 양복바지 하나, 삼베 속옷 두 장, 남방셔츠 한 장에 쑥색 담요 한 장과 세면도구 등을 뭉쳐 싼 보따리가 여장의 전부요 왼팔에 차고 있는 셋째형님이 주신 시계가 길동무다. 눈을 감으면 호롱불 켠 고향 집이 어른거리고 눈을 뜨면 서울 밤거리의 번화繁華가 나를 처량하게 한다. 열한 시 삼십 분 통행금지의 예비 사이렌이 울린다. 시계의 초침은 멈추지 않는데 전차는 불똥을 튀기며 바쁘다.

다른 도리가 없어 학교 수위실을 찾아갔다. 조개탄을 피운 수위실에 노인 둘이 있었다. 사정을 알게 된 노인들은 진즉 찾아올 것이지 고생을 했느냐며 옆방 군용 침대에 담요 한 장을 펴준다. 내 보따리 속의 담요는 꺼내기가 부끄러웠다. 서울에서의 첫날밤이다.

다음날, 나와 비슷한 처지의 부산 태생의 이李 군을 만났다. 초면인데도 금세 의기상통, 강당의 준비실을 잠자리로 하자는 데에 뜻이 맞았다. 거미줄을 걷어내고 바닥을 쓸고 나서는 교정에 널려있는 거적들을 주워다가 두툼하게 깔았다. 전등도 없다. 작은 문 두 개가 있긴 하나 닫으면 햇빛 한 가닥 들어오지 않아 밤낮의 분간이 어렵다. 피곤한 몸들이 늦잠 자기에 제격이다. 아침에 날이 밝으면 사대부속여고 여학생들의 농구공 튀는 소리가 잠을 깨운다.

방산시장芳山市場의 다양한 식사 메뉴, 아침에는 삼십 환짜리 무청김치 백반, 점심과 저녁엔 십 환짜리 국수 한 그릇씩이면 족하니 중국집 자장면 한 그릇 값 오십 환으로 하루의 식사 문제가 해결된다. 이런 곳을 개척하게 된 것은 이 군 덕이다. '꿀꿀이 죽'은 비위에 맞지 않아 먹을 수가 없다.

그래도 날이 갈수록 주머니가 가벼워진다. 십여 일을 헛되게 보낸 이젠, 오도 가도 못하게 되었다. 수위실에서의 귀동냥을 밑천으로 어느 날 아침 여덟 시에 학교 뒤편의 건물들을 차지하고 있는 미제5공군美第5空軍 사령부를 찾아갔다.

오후 다섯 시가 조금 지나 근무자들이 퇴근을 할 때이었다. 구레나룻의 한 노인이 내 가까이로 오더니 무슨 연유로 이곳에서 있느냐고 묻는다. 아침에 당신이 출근을 할 때도, 점심을 먹으러 나고 들면서도, 전신주 옆 이 자리에서 정문 쪽만을 바라보고 서 있는 나를 보았단다. 행여나 아는 사람이라도 만날 수 있을까 해서라는 연유를 대충 듣더니 근처의 골목으로 나를 안내한다. 그 부대의 한국인 노무처장 집을 알려주는 것이다. 당신의 성이 金씨라고 하면서도 누가 일러주더라는 말은 하지 말라는 당부까지 한다.

방산시장 다리 위의 노점에서 오십 환에 파는 낙타 표 양담배 한 갑을 사서 귀한 것인 양 주머니에 간직했다. 처음 초인종을 눌렀을 때는 노무처장이 귀가 전이었다. 밤 아홉 시에 오라는 부인의 친절이 고맙기만 하다. 9시가 되기를 기다렸다가 다시 찾아가 초인종을 누르니 문을 열어주며 안으로 들어오란다. 안내를 받아 들어가서 중년의 신사에게 초면 인사를 드리니 부인으로부터 이야기를 들었다며 내가 다니는 대학 학과의 주임교수 성함을 묻는다. 최崔基哲 교수라고 했더니 당신 초등학교 때의 은사였다며 반가워라 안부를 묻는다. 그 때 나는 마치 고향에 갔을 때 형님들께 하듯이 포켓에서 담배를 꺼내 그 한 개피를 태워드리는 애교도 부렸다.

두들겨 문이 열렸나, 전생에 어떤 인연이라도 있었을까. 이력서를 가지고 이틀 뒤 아침 여덟 시에 당신 사무실로 찾아오란다. 서徐 노무처장 댁을 나와 하늘을 쳐다보니 별들이 크고 밝다. 주머니 속에는 아직도 백칠십 환의 여유가 있었다.

약속된 날에 서徐 노무처장을 찾아가니 직원 더러 임林 노인을 찾아가서 나를 소개하란다. BOQ는 독신 장교 숙소의 약칭이고, 임 노인은 재미교포로 이곳의 관리실 책임자(초록빛 번호표 BOQ-1)다. 나는 초록빛 번호표 BOQ-2의 번호표를 달고 그곳에서 숙식을 하며 일을 하게 되었다. 틈나는 대로 공부도 하며 밤에는 깨끗한 시트를 깐 침대에서 잠을 잘 수가 있었다. 생후 처음 경험하는 침대생활이다.

그러나 이곳에서 눈을 뜨고는 볼 수 없는 꼴들을 보고 귀로 듣기 거북한 말들도 들어야만 했다. 거짓말이나 도둑질하는 게 예사인 사람들을 상대해야 했고, 빨간 입술에 껌을 씹으며 히히거리는 미녀(?)들도 상대해야 했다.

새로 파견되어 오는 미군 장교 중 일본을 거쳐서 오는 이들은 눈빛부터가 달랐다. 한국은 게으르며 비위생적인 사람이 많고 도둑과 사기꾼들이 들끓는 나라라고 일본인들이 일러주더라는 것이다.

그때의 내 일기장을 들춰보니 이렇게 쓰여 있다. '어느 미군 장교의 말이다. 자기네 조상들은 최선을 다하여 일을 하고 그리고 저축했노라고…. 그렇다면 우리네 조상들은 그렇지 않았다는 말인가. 지금의 우리네 꼴들을 두고 하는 말들이리라… 모래바닥에 혀를 박고 죽을지언정 저들 곁에서 도둑질만은 하지들 말아야지…'

혼자서 가슴앓이를 한 적도 한두 번이 아니다. 그 무렵의 내 얼굴은 꿈 많은 젊은이로 보였을까. 내 눈은 청순했던 게 틀림없다. 그 부대에서 넉 달 남짓 견디는 동안에 고학을 해야 하는 친구들에게 일자리를 얻어주기도 했다. 김金顯洙군은 노무처에 전田光雨군은 식당에 붙여 주었다. 지금 이 친구들은 모두 미국으로 유학을 가서 이름난 과학자가 되었다.

꼭 40년 전의 추억이다. 삶의 여로에서 줄을 서고 발을 구르다 제풀에 지친 이순耳順의 내 얼굴을 본다. 요즈음의 세상 돌아가는 모양새, 더러는 소비가 미덕인 양 너스레를 떨고 과욕과 허세, 가짜가 난무하는 양태를 본다. 이런 것들이 어디로부터 어떻게 왔을까. 왜일까. 무엇이든 '하면 된다'는 사고방식, 해서는 안 되는 것들을 알고 나서 해도 될 일을 찾아 힘차게 뛰는 현명함과 용기를 가져야 하지 않겠느냐고, 누구에게랄 것도 없이 말해 본다.

(1993)

탑골공원의 백표신사

지하철 5호선 종로 3가 환승역 승강장 양편에서 쏟아져 나온 승객들이 단 한 개의 통로를 향해 물밀듯이 몰려드는 광경은 가히 장관이다. 내리고 타는 사람에다 1 · 3호선과 5호선을 갈아타려는 사람들이 뒤섞인 인파다. 나도 그런 인파에 끼곤 하는데, ≪에세이문학≫ 편집실이 근처에 있기 때문이다.

이들 남녀노소가 태극기를 들고 만세라도 부르는 광경을 상상해 본다. 통일의 기쁨을 맞는 날이 그럴까. 때로는 1919년 3월 그 하늘 아래의 독립 만세 장면도 상상해 본다. 사람들은 태극기도 들지 않고 만세도 부르지 않으면서 어디를 향해 저렇게들 서두르고 있는 것일까.

인파 중에는 노인이 많이 눈에 띈다. 경로우대증으로 전철을 타거나 공원을 입장할 수 있는 이들이다. 나도 전철 승차권

매표구에서 경로우대증을 내보이고 받은 '백표白票'로 전철을 탄다. 백표라는 말을 역무원들도 곧잘 알아듣는 것 같다. 종묘나 탑골공원에는 백표로 전철을 탔음 직한 신사가 많다. '백표신사'—65세 이상의 노인들이다.

내가 16년 간 몸을 담았던 직장에서 60세에 정년퇴임을 하던 해 어느 봄날 탑골공원을 찾아가 백표신사들을 눈여겨본 적이 있다. 수염을 기른 할아버지는 어쩌다 눈에 띌 뿐, 머리는 하얀데 턱이 민숭민숭하거나 까만 머리에 턱수염 자국만이 희끗희끗한 신사들이다. 어딘가를 멀거니 보고 있는 초점 잃은 눈들, 땅을 내려다보고 있는 노인, 하늘만 쳐다보는 노인, 혼자서 무어라고 중얼거리는 노인, 입담 좋게 늘어놓는 어떤 백표신사의 재담에도 듣는 둥 마는 둥 표정 없는 얼굴들도 있다. 백 원짜리 화투판이나 장기판을 벌인 이들도 있다. 돈이 될 것 같지도 않은 것들을 팔러 다니는 이, 별것도 아닌 일로 다투는 이들, 값싼 안주에 막걸리나 소주를 나누는 노인들도 있다. 말쑥하고 의젓한 백표신사가 없는 것은 아니지만 거개가 그렇더라는 말이다. 이 공원에 백표신사들이 많이 찾아오는 까닭이 어디에 있을까를 생각해 본다. 머지않은 앞날의 내 모습을 그려 보던 한때였다.

오후 서너 시쯤이 되자 은평구 어느 사찰에서 왔다는 스님과 불자들이 라면을 끓여 노인들을 대접한다. 다투어 줄을 서는 이들이 있는가 하면 본 체 만 체하는 이들도 있다. 라면 잔치가 끝난 뒤 하나둘 자리를 뜨는가 싶더니 저녁 7시가 조금 지나자 잠깐 사이에 노인들이 앉았던 자리가 젊은이들로 메워진다. 동성끼리 어울렸거나 혼성팀도 있고 짝을 맞춘 커플도 있다. 그야말로 순식간의 세대교체다. 노을에 펼쳐지는 파고다의 파노라마다.

젊은 날이 그리워지는 순간이다. 내 젊을 때 저들처럼 저럴 수 있었던가. 대학원 1학년 때를 돌아본다. 고학으로 모아 두었던 학자금하며 결혼 자금이 됨직한 돈을 빌려다가 사업을 벌인 외사촌형이 실패를 하고 말았으니 어찌하랴. 학자금을 날렸으니 버텨 낼 재간이 없는 것이다. 학업 중단은 물론 모든 계획이 물거품이 될 판이다. 내 자신을 새로 다져 보아야 할 때였다. 1958년 3월 1일의 일이다.

새벽 4시 반 통행금지 해제 사이렌이 울리자마자 찾아간 곳이 탑골공원이었다. 그날의 첫 번 째 입장객이 된 것이다. 공원에는 인부들이 3 · 1절 행사를 위한 가설 공사 마무리에 바쁘다. 공원을 한 바퀴 돌아본 나는 팔각정 바닥에 촛불을 켜 놓고 무릎을 꿇고 앉았다. 가방에 준비해 갔던 3자 크기의 천을 꺼내 펼치고 벼루와 먹 붓을 꺼내기는 했으나 정작 글씨는 내 무명지의 선혈로 썼다. 그 때에 쓴 문구는 어쨌건 간에 머리가 터질 것만 같던 그 무렵의 번민을 가라앉히고 나름대로 삶의 방향을 설정하려는 절차였다. 어쩔까 어쩔까하면서 며칠을 두고 고민한 끝에 생각해 낸 방법이다. 얼마나 시간이 흘렀을까. 가슴이 후련해지면서 마음이 가라앉는 것이다. 그러나 이런 행태로 오래 머뭇거리다가는 괜한 오해라도 살 것 같아 서둘러 밖으로 나오면서 뒤를 돌아보니 팔각정 한가운데에서 내 앞날을 축복이라도 하려는 듯 내가 켜놓은 촛불이 가물가물 손을 흔든다. 큰 초 3개와 작은 초 1개이었다.

새파란 젊음이 어스름 새벽의 가로등 불빛 아래에서 독립선언문을 소리 없이 낭독해 본다. 기미년 3월 1일의 독립선언문 낭독은 우리 민족의 자주 독립을 위한 것이었으나, 이때 나는 나의 독립을 위해서였다. 그런 연후에 집으로 돌아오는 발걸음이 한결 가벼웠다. 집이래야 성북동 골짜기의 싸늘한 자취방이다. 윗목에 가방을 밀쳐두고 맹물을 끓여 마신 뒤 구들을 지고 얼룩진 천장을 바라보며 일과표를 짜는 것이다. 또 탑골공원으로 가야 한다. 10시에 있을 3 · 1절 행사를 보기 위해서다.

탑골공원은 3 · 1절 기념행사에 참석한 사람들로 초만원이었다. 그날의 식전에서 독립선언문 낭독과 만세 선창은 이갑성李甲成 옹이 하였다. 민족 대표 33인 중 유일한 생존자 이갑성 옹을 행당동 자택으로 찾아가 뵌 것은 다음날 오전이고, 신길동으로 임예환林禮煥 선생의 유족을 방문한 것은 오후였다. 자가용 2대가 서 있는 이옹의 저택과 썩은 판자 울타리에 이마를 맞댄 지붕 밑에 단칸 셋방, 두 독립투사의 집이 대조를 이루던 것도 어쩔 수 없는 그 시절의 현실이다.

혈기 탓이었을까. 그날 이후 단식을 해 보기로 결심을 하고 물만 마시고도 배고픈 줄을 모르고 돌아다니던 닷새째 되던 날 저녁에 내 숙소 가까이에 세 들어 있는 대학 동기 김재호金在浩 군을 찾아갔다. 의과대학에 편입하여 동생과 함께 자취를 하고 있는 그가 마침 저녁 식사로 먹으려던 비빔국수 한 그릇을 강권하는 바람에 나의 단식 시험은 그만 끝을 맺고 말았다. 밥을 굶으면 술을 마신 것처럼 혀가 꼬부라지는 것이던가… 재호는 내가 술을 마신 걸로 생각했던 모양이다. 그러나 내 주머니에는 아직도 한 달 끼니를 이을 정도의 돈은 있었다.

3월 초하룻날 일로 인해 상처를 입은 내 무명지에 약 한 번을 바르지 않았던 고집 때문에 내 몸 속으로 파고든 곰팡이균(무좀)이 30여 년간 나를 괴롭히기는 했으나 어쨌든 그때 보고 듣고 생각한 것들이 내 삶을 일으켜 세우게 되었다. 고향에 벌여 놓았던 향토문화연구회 일이며 농촌문고 일도 미뤄 두고 군에 자원입대한 것은 그로부터 3개월 뒤인 6월 8일이다.

군에서 제대 후 3년 동안만 취직을 해서 농촌운동에 필요한 최소한의 돈을 모아 고향으로 돌아가겠다는 뜻을 이루지 못한 채 제일물산공업(주)에 간부사원으로 근무를 하고 있던 30대 후반의 초가을 어느 날, 탑골공원엘 찾아간 일이 있었다. 당시 신申大一 공장장이 빚어내는 회사 분위기 때문에 거취 문제로 고민하던 때였다. 벤치에 누워서 ≪회사를 그만두고 싶거든≫이라는 책을 읽으며 한나절을 보냈다. "지금 다니는 회사에 머무르든 전직을 하든 그것은 마음먹기에 따라 길이 열릴 것이다"는 말이 그 책 서문에 쓰여 있었다. 일본 사람이 일본 말로 쓴 책이었다. 나는 제일물산에서 정열을 쏟기로 하였다. 그때의 회사 분위기는 신 공장장이 회사를 골탕 먹이려는 고의적인 의도이었다는 것을 알게 된 것은 얼마 뒤이었다.

사람이 북적거리는 곳을 좋아하지 않는 내가 탑골공원만은 자주 들르는 편이다. 탑골공원을 찾아가 깨우쳤다면 깨우친 것이요, 기도라는 것이 있었다면 이 또한 나 혼자만의 기도이었다. 오히려 근래에는 탑골공원 가까이 갈 기회가 있어도 들르지 않는 경우가 많다. 백표 인생의 기도에도 효험이 있을까 싶어서다.

탑골공원에 가면 삶의 단면들이 보인다. 역사가 있고 피 울음이 있다. 탑골공원에는 비둘기들도 많이 모인다. 백표신사들도 비둘기라면 나이 든 비둘기들이다.

(2000)

안 박사의 변

오래 전 스물일곱 쌍이 모인 어느 과학 단체의 연말 모임에서다. 남자들끼리는 서로 아는 처지이지만, 모처럼 부인까지 동반한 자리이기에 자기소개를 하는 순서가 있었다. 통로를 가운데로 두 줄로 놓인 탁자에 마주 앉은 좌석의 한쪽부터 사회자가 아무개 박사를 호칭하면 일어서서 자기소개를 하면서 부인도 함께 소개를 한다. 내 호칭에는 직장의 직함이 붙여졌음은 물론이다. 시치미 뚝 떼고 "안 박사입니다"로 말문을 열었다. 소개가 끝나고 본명을 밝히니 웃음이 터진다. 그럴 것이 '안(no)'이 '안安'으로 들렸을 것이요, 나를 제외한 모두의 성 뒤에 붙은 칭호가 박사였으니 그럴 수밖에…….

그 무렵 나는 50대 초반의 대학원 박사 과정 학생이었다.

이 보다 훨씬 전의 일이다. 내가 석사 과정을 학점만 채워놓고 학위 논문을 제출하지 못한 채 직장 업무 관계로 찾아다니는 곳이 대부분 연구소요 박사님들이었다. 어느 날 불현듯 본전 생각이 나서 석사 학위 취득 문제를 의논하려고 학적을 두었던 대학으로 김金俊鎬 선배를 찾아갔었다. 여기저기 알아보던 김 선배의 말인즉 논문 제출 기간의 경과로 자격 상실이라 어쩔 도리가 없다는 것이다. 그때가 각 대학원에서 신입생을 모집하는 기간이었다.

그래서 다음날 그럴싸한 대학교를 찾아가 석사 과정 편입을 문의하니 하나같이 입학시험을 치르고 1학년부터 다녀야 한단다. 김 선배를 다시 찾아가 책상 위에 입학 원서 다섯 통을 펼쳐 놓았다. 다시 신입생으로 입학을 하겠느냐는 김 선배의 물음에 모교에서 괄시를 하는데 어디 간들 대우를 받겠느냐는 말로 대답을 대신했다.

그러고 한 달쯤 뒤 부산에 있는 내 근무처로 김 선배로부터 전화가 걸려 왔다. 6 · 25 후라 했던가, 그간 석 · 박사 과정을 마치고도 학위 논문을 제출하지 못한 이들에게 이번 학기에 한해 기회를 주기로 대학원 당국의 결정이 있었으니 7월말까지 논문을 내도록 하라는 것이다. 전화통을 든 채 하늘로라도 뛰어오를 것 같았다. 그해 가을 입학한지 20년 만에 석사 학위를 받고 났을 때, 내친걸음에 박사 과정을 밟으라는 학과 교수님들의 권유가 감사했다. 직장에서 연구 개발 부문의 책임을 맡고 있는 터라 업무에도 도움이 될 것을 기대하는 바도 있긴 했다.

박사 과정 입학이 쉬울 리 없다. 스무 해에 가까운 세월을 산업 현장에서 굴린 머리로야 언감생심, 거듭 두 번의 고배를 마신 다음 해에는 대학 3학년에 재학 중인 큰녀석이 내 실력이 해마다 향상되고 있다면서 한 번 더 도전하란다. 그때는 서울에서 근무를 할 때였다. 응시 절차를 마쳐놓고는 네 시간만 시간을 내라는 것인지라 못 이기는 척 따랐다. 그날이 따뜻한 봄 토요일이었다.

박사 과정에 입학하여 2년간에 걸쳐 소정의 학점을 모두 취득하고 학위 논문을 준비하려는 때에 직장에서 직속 상사가 바뀌었다. 전임 상사는 대학 십여 년 선배이신 이李晉燮 사장이었고, 신임 상사는 사범학교 삼년 선배인 김金寧奎 사장이었다. 직장인이 개인적인 학업에 신경을 써서야 될 법한 일인가마는 전 직장이었던 효모(yeast) 제조업체 제일물산공업(주)에서 근무를 할 때는 김金仲倍 사장께 미생물 관련 전문지專門誌를 구독하자는 건의를 했다가 "이 회사가 연구소인 줄 아느냐"고 핀잔을 들었던 일이 있었다. 그리고 직전에 근무를 했던 미원식품(주)에서는 홍洪練錫 사장께 해외에 가는 길에 무슨 책을 사다 주기를 청했다가 민망한 꼴을 당한 일이 있었다. 이러저러한 일들을 잊은 것은 아니었으나 우리나라의 산업계에서도 연구 개발(R&D) 붐이 일던 때가 바로 그 무렵이요, 대기업에서도 자체 연구소의 설립을 권장하던 게 그 무렵이었으니 학문에 대한 욕심쯤 부려 볼 만한 어덕은 있었던 것이다.

그러나 일에 쫓기는 직장인으로서 시간을 쪼개 가면서 박사 과정을 마치고도 한 주에 반나절의 시간을 낼 수가 없어 학위 논문을 제출하지 못한 채 해가 거듭되는 것이 안타까워 가슴이 타들어가던 무렵, 학위를 포기하든지 회사를 그만두든지, 둘 중의 하나를 선택하야 할 처지에 놓인 것이다. 그때, 큰놈이 미국에 유학중이었다.

고달픈 심신, 답답한 가슴을 녹이는 방법은 술이라는데, 술로만 가슴을 다독이다 보면 오장육부는 말할 것도 없거니와 하나밖에 없는 뇌가 녹지 않으면 굳어 버리지 않겠는가. 다른 방도를 모색도 해 보았으나 부질없는 일이었다. 중학교 시절에나 끄적이던 시詩를 써 본답시고 머리를 짜고 가슴을 후벼보나 시가 나올 리 없다. 그때 수필가 박朴演求 선생과 인연을 맺어 준분이 김金素媛 시인이다. 지금 수필을 쓰고 있는 기쁨이 이런 연유로 비롯된 것이다.

이젠 정년으로 자유로운 몸, 논문을 쓴다면 이 빼어난 필력을 총동원해 수필로 쓴 수필 아닌 수필을 내놓을 수도 있을 것이요, 전날의 아쉬움이나 응어리도 녹일 수가 있으련만 그 소망이 하늘에나 닿아야 했던 겐지 기회가 주어지질 않는다. 수필 한 편, 시 한 수를 습작하는 데도 생각만 아지랑이일 뿐, 낱말이 제 자리를 찾지 못하고 문장이 제 길을 찾지 못한다.

그런 중에도 언젠가는 기회가 찾아올 것이라는 기대로 학위 논문에 필요한 자료며 문헌이나 전공 서적 등을 챙기는 것은 버릇처럼 되었으니, 이들이 파일박스에 한 번 들어가면 한 해에 한두 번이나 대면을 하게 될 뿐이요, 서가에 꽂히면 먼지를 뒤집어쓰고 밤낮으로 잠만 자니 제풀에 황달이 들고 만다. 오죽하면 내자가 이제 그만 상자에 담아 어디로든 시집을 보내라고 했을까. 한 해 더, 아니 두 해만 더 하면서 50세에 대학원 박사 과정 합격 통지를 받던 날의 기쁨이 가슴에 머문 지 스무 해가 가까이 흘렀으니 이래서 세월이 야속하다 했나보다.

"부질없는 집착으로 미로를 걸어왔습니다. 그러나 아직도 겨울날 발을 동동 구르며 입학 시험장에 들어가는 수험생들을 보면 눈시울이 뜨거워집니다. 출 퇴근 길에 모교 교가가 담긴 카세트에서 가락들이 풀려나오면 가슴이 뭉클, 여전히 나이 든 학생입니다"는 글귀가 떠오른다. 몇 해 전에 썼던 글 〈창암滄巖, 李敏載 선생님 존영 앞에서〉의 한 대목이다.

어쩌랴."서대신동에서 관악까지 긴 역정이었습니다. 푸른 꿈을 안고 부산 판자촌 가교사에서 한 학기를 마친 뒤 폐허의 서울에 첫발을 디딘 것은 과꽃이 수줍게 몸을 드러내던 초가을이었습니다. 을지로에서 용두동으로, 용두동에서 동숭동, 동숭동에서 관악까지, 그리고 오늘이 있기까지 강산이 네 번 변할 그런 시간이 흘렀습니다. 떠오르는 많은 얼굴, 이 모습 저 모습, 고개 숙여 감사를 드려야 할 일들이 많았습니다. 세파에 그을린 얼굴, 찢긴 가슴으로도 스스로의 근성을 버리지 못하여 학교를 찾을 적마다 반가이 맞아 주는 모교의 정情이 한없이 따뜻했습니다. 창암 선생님, 예초藝樵, 鄭英昊 선생님의 모습을 기립니다. 모교 교수님들의 가슴이 따뜻했습니다. 뒤늦게나마 본 논문을 박사학위 논문으로 제출하는 기쁨이 큽니다."는 사사문謝辭文을 쓰고 싶은 것이다.

그렇다. '대신동에서 관악까지…' 이런 거창한 서두로 학위 논문의 사사문을 쓰고 싶은, 아직도 칠십 고개를 오르는 학생인 것을…….

(1997)

303호실의 문소리

된장의 오덕五德

까치 마을

수몰민의 설움

술이 뭐길래

낙엽

고향냄새

303호실의 문소리

충남 당진군 도비도 농업기반공사 대호환경사업소 수련원에서 개최된 한국수필문학회와 수필문학사 주최 '2000 수필문학 하계 세미나'에서 인기 절정이었던 캠프파이어에 방해꾼은 모기들이었다. 해변의 모기는 담요 석 장을 뚫는다던가. 모기에 시달리다가 몇이 어울려 시원한 곳을 찾아가 목을 축이고 숙소에 들어온 때가 밤 11시쯤.

배정받은 침실 303호실을 찾아드니 널찍한 6인용 온돌방에 문우 네 사람이 침구를 깔고 누워서 이야기를 나누고 있다. 발을 맞대고 두 줄로 누워야 이 방에 배정된 13명이 잘 수 있을 것 같은데 남아 있는 침구는 두 벌밖에 없다. 앞으로 올 문우들을 짚어 보니 거개가 새벽 3시는 돼야 잠자리에 들 성싶다. 예전의 기억으로 보아 이 방이 쿠션 용 침실이거니 여기면서 모자라는 침구를 준비해 두지 않았다가는 편하게 잠을 자기는 틀렸다는 생각을 하고 있는데, 동작 빠른 문우가 카운터로 전화를 걸어 침구 7벌을 주문했다.

이런 북새통에 잠이 오겠는가. 술이나 한 잔 나누자면서 다섯이 둘러앉았다. 그 중 둘은 낯이 설기는 하나 수필 문우끼리야 성명 삼자만 통하거나, 가슴에 명찰만 보고도 금세 구면처럼 되지 않던가. 소주와 맥주에 안주를 시켜오고 그 중 한 문우가 갖고 온 특주까지 곁들이니 제법 조촐한 술판이다. 주거니 받거니 '수필을 쓰다가' 노래도 부른다. 그래도 직성이 풀리지 않은 문우가 밖으로 나가 술판을 벌이자는 제의에는 찬반이 엇갈리더니 노래방에 가자는 데는 의기가 투합했다. 그러나 의사 선생님의 지상 명령에 따라 입에서 당기는 술을 참으며 몸을 가누고 있는 나는 이래저래 고역이라 방을 지키겠다고 하니, '큰형님'은 편히 쉬라면서 홀로 남겨 놓는다.

말이 그렇지 홀로는 아니다. 특주 하나, 소주 둘, 그리고 맥주 세 병이 미처 입도 벙긋하지 못한 채 앉아 있고, 안주도 있고 맥주잔 · 소주잔 할 것 없이 잔마다 술이 들어 있다. 예전 같으면 이놈들과 벗을 삼을 만도 하련만 오늘은 어쩔 도리가 없다. 늦게 돌아와 출출할지도 모르는 문우를 위해서라도 이 놈들을 탁자 위에 정중히 모셔 놓고 종이컵들은 물로 씻어 물기를 닦아 가지런히 엎어 놓았다. 군대 생활에서 익혀 둔 당번 노릇을 오랜만에 해 보는 것이다. 그러고는 문도 잠그지 않고 전등을 켜 놓은 채 자리에 눕는다.

모기가 적선을 호소한다. 그것도 보시布施라 여기며 처분에 맡기고 베개를 베고 눈을 감으니 수천 기의 기마대라도 달려오는 것인가. 둥둥 쿵자쿵 둥둥 쿵자쿵 쿵쿵 북소리와 발굽 소리, 몰려오는 대군이 계곡도 건너고 능선도 넘는가 보다. 어느 영화 장면을 떠올리며 잠을 청하는 중 잠이 소롯이 찾아드는가 싶은데 방문 소리가 나더니 누군가가 전등을 끄고는 문을 닫고 간다. 그러고 얼마쯤 뒤에 젊은 문우 하나가 문을 열고 들어와서 모기향을 피워 놓고는 문을 닫고 나가는 것이다. 이젠 잠이 잘 올까.

그러나 웬걸, 문 열고 불만 켜보고 가는 사람, 한참이나 부스럭거리며 무언가를 찾아가지고 나가는 사람. 하기 사 누군들 저 육중한 문을 열고 닫는데 소리를 내지 않을 도리가 있을까. 쓱! · 쿵! · 쾅! 어느 아파트 현관문 소리 같은가 하면, 감옥 문을 여닫는 것 같기도 하고, 보물이 가득한 창고 문을 여닫는 것 같기도 한 저 문소리.

문소리를 감상하고 있다 보니 어느새 북소리도 발굽 소리도 멀어진 것 같은데 또 문을 여닫는 소리가 나고 전등이 켜지더니 옷 벗는 소리 · 눕는 소리 그러고는 금세 드르렁 크르렁 쌔-액, 팔 하나가 철썩 내 가슴 위에 올라앉는다. 육중한 몸으로 나를 밀어붙이는가 하면, 두 다리를 내 배 위에 덜썩 올려놓는다. 빈 자리가 많은데도 하상 바로 내 왼편에 바싹 다가 누워서 이러는 것이 아무래도 내 잠을 깨워 보려는 수작인가도 싶어 모르는 척하기로 한다. 그런데 돌아보니 네 활개 쭉 펴고 자못 장부다운 기개로 누운 사람은 아는 얼굴이요, 글도 재미있게 쓰는 문우다. 어쩌면 이토록 쉽게 잠들 수 있을까. 이제 나도 잠을 좀 자야겠다는 생각이 간절하나 이 친구의 처음 동작이 되풀이되는 것이다. 웃음이 나오는 것을 참으면서 이 문우의 글들을 떠올리고 있는데, 왁자지껄 노래방에 갔던 문우들이 문을 열고 들어오는 소리에 놀랐던지 비쩍 마른 내 몸뚱이를 껴안는다. 앗! 뜨거라, 벌떡 일어나지 않을 수가 없다.

그럭저럭 자리가 좀 잡혀가는가 싶더니 아직도 장부의 기개를 다 펼치지 못했는지 머리를 중심으로 360도 회전을 하면서 양 다리를 한자리 건너에 누워 있는 문우의 목에 척 걸치는 것이다. 그런데도 잠자코 있는 것을 보고는 웃음이 터지는데 얼시구! 드르렁 크르렁 씨-익, 이 문우 역시 다른 사람의 다리가 목을 감고 도는 것도 모르고 곯아떨어진 것이다.

노래방에 갔다가 온 문우들의 뒤를 따라 들어온 어떤 문우가 잠자리를 펴기에 자려는가 했더니 그게 아니다. 탁자에 차려 놓은 소주를 갖다가 혼자서 따라 마시는데 안주는 거나하게 취한 문우가 들려주는 고금소총古今笑叢에나 나옴직한 걸쭉한 이야기다. 어쩌면 그 이야기들이 술안주뿐만 아니라 아직 잠을 끌어안지 못한 문우들의 자장가가 되었을는지도 모른다. 그러고도 취객 두엇이 더 찾아들어 수선을 떤 후에야 잠시 조용해지는가 싶은 때에 또 덜커덩 소리를 내며 문우 하나가 찾아 들었을 때는 5시가 넘어 있었다.

"세상에! 저 섬들 좀 보소. 웱째 섬이 저렇게 많노. 참 좋다이." 창 너머 바다에 펼쳐진 풍경을 보면서 감탄하는 그 소리에 잠을 깨고 보니 6시10분 전이다. 수런수런 잠자리를 털고 일어서는 문우가 아홉인데 얼굴을 보이지 않는 셋은 이 303호실을 두고 어디 가서 외로운 밤을 보냈을까.

이상한 것은 시키지 않은 불침번을 섰는데도 전연 피로를 느끼지 않는 내 몸이다. 간단히 샤워만 하고 나서 생각하니 내가 여길 언제 또 올 거라고 600여 미터 지하 암반 밑에서 끌어올린 해수탕을 가보지 않고 그냥 돌아가랴 싶은 것이다. '해수탕'을 다녀 나와 어제 저녁을 먹었던 식당엘 찾아가니 커다란 식당 안을 가득 메운 문우들의 얼굴이 하나같이 밝다.

주방 가까운 쪽 빈자리에 앉아 시원한 조갯국으로 속을 풀며 앞자리에서 식사를 하고 있는 우희정 부장에게 어젯밤 303호실 풍경을 귀띔하니 수필감이라나? 잠자리가 불편했으면 302호로 옮기지 그랬느냐고 위로를 해 주기도 한다. 302호실에서는 강호형 선생이 다른 문우 셋과 함께 새벽까지 '수필을 썼다'는 것도 알고 있다. 이처럼 재미있는 밤이 또 있을까.

(2000)

된장의 오덕五德

날을 받고 금줄을 치는 정성으로 장을 담근다.

콩을 삶아 메주를 만들어 서너 달 동안 잘 띄운 뒤 소금물에 담갔다가 장물(간장)이 우러나면 간장과 된장으로 나누어 맛을 들인다. 온 식구가 오순도순 둘러앉은 밥상에 놓이는 보글보글 끓는 된장, 된장 뚝배기 안에서는 어머니의 정성이 끓고 사랑이 끓고 맛이 끓고 전통이 끓는다. 여기에 우리의 이야기가 있고 추억이 있다.

어쩌다 간장 · 된장 · 고추장하며 식초에 절임공장 공장장 일까지 경험했던 나는 된장을 즐겨먹는다. 뿐만이 아니라 우리나라를 찾아온 외국인들과 식사라도 할라치면, 우리의 고유 음식에 관한 이야기로 꽃을 피우기도 한다. 초행인 사람은 물론이려니와 우리나라를 몇 차례 방문했던 사람들도 우리의 음식에 관한 이야기를 즐겨 듣는다.

그런 경우 김치 이야기가 으뜸이요, 불고기나 갈비 이야기가 뒤를 잇는다. 그러다가 맵기로 으뜸인 고추장 이야기로 끝나기가 일쑤다. 그런데 된장이나 간장 이야기가 오가는 경우는 흔치 않다. 김치와 앞서거니 뒤서거니 해야 할 저력을 갖춘 된장인데도 말이다.

내가 직장에서 공해 담당 부서의 책임을 맡았던 적이 있었다. 공해 방지에 선두를 달린다는 나라들을 둘러보고 그 나라의 전문가를 초빙해 오기도 했다. 그러다 보면 때로는 작은 나라, 후진국의 기술자이기에 속이 상하는 경우가 한두 번이 아니다. 이런 경우 나는 된장을 추켜세우며 자위를 해 보려고도 한다.

쇠고기에 버금가는 영양가를 지닌 콩으로 만들었대서 만이 아니다. 아직은 우리 음식을 만드는 데 국한된 것이긴 하지만 조미식품調味食品으로도 간장의 윗자리를 차지해야 할 것이 된장이기 때문이다. 된장은 된장 그 자체 된장찌개만으로도 좋거니와 조미료로써도 단연 으뜸이 아닌가 싶다. 손끝에서 난다는 음식 맛은 음식을 만들 때에 된장 · 간장 · 식초를 어떻게 다루느냐에 달려 있다. 우리네 부엌, 불씨를 묻어 놓은 봉당에는 항상 된장이 끓고 있었고, 그 가까이 어딘가 식초병에서는 식초가 살아 숨을 쉬고 있었다. 부글부글 끓는 된장 뚝배기가 사라지고, 숨을 쉬는 식초가 사라진 요즈음에야 어찌 손끝 맛을 제대로 낼 수가 있겠는가.

된장을 영어로 Soybean-paste라 쓰는 사람이 있다. 콩비지쯤으로 여겼던 것일까. 그런가 하면 된장을 Korean-miso라고 하는 사람도 있다. 웃을 수도 울 수도 없는 노릇이다. 어째서 된장을 된장(Doenjang)이라 하지 못할까. 간장을 Korean-syoyu라 할 것인가. 쇼유醬油는 왜(일본)간장이고 미소味噌는 왜된장만을 이르는 말이기 때문이다.

우리 입으로 우리 간장을 조선(한국) 간장, 된장을 조선 된장이라 하는 것조차도 말이 안 된다. 우리 간장은 국간장으로 물러나고, 쇼유(일본 간장)가 간장이라는 이름으로 안방 차지를 하고 있다. 간장 · 된장마저 사대적 상업주의의 물결에 밀려나고 있다. 안에서나 밖에서나 간장은 간장으로, 된장은 된장으로 살아 있어야 하지 않겠는가.

한때 밋소密祖 또는 고마소高麗醬라고도 했다는 일본의 미소味噌는 우리의 막장에나 비유될 만한 것이다. 일본에서는 미소건 쇼유건 콩과 당질糖質로 밀이나 밀가루 등을 원료로 섞어 쓴다. 선별된 발효미생물醱酵微生物을 장류醬類 제조에 이용해서 담백미淡白味와 감미를 즐기는 그들 나름의 기호에 맞도록 만든 것이 일본의 장류다.

우리의 경우는 콩으로 만든 메주에서 장물을 우려낸 뒤 된장으로 쓴다. 장류를 만드는 과정에는 자연에 존재하는 각종의 발효미생물이 복합적으로 관여한다. 그래서 특유의 복합미複合

味를 지니고, 장맛이 집집마다 다르다는 이유가 되는 것이다.

우리 조상들은 식품을 다루는 경우에 버리는 것 없이 이용을 했다. 그 자료가 식물성인 경우는 뿌리에서 열매까지, 동물성인 경우는 머리에서 꼬리까지, 먹을 수 있는 것은 모두 먹도록 하는 방법을 생각해 냈고 이를 전수시켰다. 우리 조상들이 하늘을 공경하고 흙을 사랑하며 사람을 귀히 여기는 근본 사상에서의 발상이다. 자연 애호 사상을 바탕으로 활용은 최대로, 폐기는 최소로 하는 근원적 공해 방지의 슬기이었던 것이다.

이런 것을 두고, 우리가 궁핍해서 간장 찌꺼기로 된장을 만들어 먹고 동물의 내장을 먹으며 뼈마저 우려서 먹는 것으로 오해를 하고 착각을 한 때가 있었다. 어떤 사람은 미개한 탓으로 보려고도 했다. 이런 몰지각沒知覺이 우리 것을 떳떳하게 내세우지 못하는 콤플렉스로 작용하기도 했으리라.

이렇게 먹을 수 있도록 하기 위해서는 기본적으로 조미료가 걸맞아야 한다. 우리의 기초 조미료인 간장 · 된장 없이 동물의 내장을 요리하고, 우거지국을 끓여 먹을 수가 있겠는가. 맛있는 냉이국 · 쑥국 · 나물국도 그렇다. 우리 민족은 된장이 있기에 초근목피草根木皮를 먹을 수 있고 굶어 죽지 않을 수 있는 지혜를 지녔다.

그것은 우리의 기초 조미료 덕이다. 그 중 으뜸이 된장이다. 그래서 된장의 오덕을 말한다. 된장은 오랫동안 두어도 변하지 않기에 이를 일러 항심恒心이라 하고, 다른 맛과 섞어도 제

맛을 지니는 원심圓心이 있다고 한다. 기름진 것과 함께 끓이면 기름기를 감싸고, 냄새가 나는 것을 넣으면 덮어 주는 너그러움이 있기에 불심佛心을 지녔다고도 한다. 쓴맛이나 떫고 신맛도 부드럽게 아우르는 것이 또한 된장이요, 그것이 된장의 선심善心이다. 된장을 끓일 때 무슨 재료를 넣어도 맛이 어우러진다. 이렇게 끓인 된장은 어떤 음식과 함께 먹어도 좋다. 이를 두고 된장의 화심和心이라 한다.

이런 된장이 있는 한 우리 식생활에서 먹다 남은 음식이 쓰레기로 버려지고 수채로 흘러갈 이유가 있겠는가. 부엌에서 음식을 만들다가 남는 것들을 버리겠는가. 비록 된장을 끓이는 뚝배기는 수더분하나 넉넉한 포용력을 가진 된장을 안겨주기만 하면 다음 끼니의 반찬을 걱정하지 않아도 된다. 부엌에서나 식탁에서의 공해 방지에 된장이 큰 몫을 해낼 수 있다.

거듭 말하거니와 천하에 둘도 없는 이런 된장을 자랑은커녕 말하기조차 주저할 이유가 어디에 있겠는가. 된장 뚝배기에 온 식구가 숟가락을 넣고 떠먹는다고 흉을 잡히던 지난날이 떠올라서일까. 아니면 장물(간장)을 우려낸 찌꺼기로 만든 것이기에 가난의 상징이라도 되는 성싶고, 궁상맞고 촌스럽다는 생각이라도 들어서일까.

된장의 우수성을 알고서야 어찌 간장 찌꺼기로 만들었다고 얕잡을 수 있겠는가. 벼농사에 농약을 조금만 썼더라면 된장을 끓이는 데 쌀뜨물을 넣어 달고 맛있는 된장을 먹을 수 있으련만, 그러지 못하는 것도 아쉬운 일이다. 서울 시민이 된장을 제대로 끓여 먹을 줄만 안다면, 한강의 수질 오염을 2할은 줄일 수 있을 것이리라.

된장은 냄새가 난다고도 한다. 특색이 있는 음식일수록 독특한 냄새가 난다. 김치에서 김치 냄새가, 된장에서 된장 냄새가 난다. 이것이 우리의 냄새韓國臭가 아닐까. 자장면에서는 자장면 냄새中國臭가 난다. 일본 음식에서는 그들이 즐겨 먹는 가스오부시(가다랑이) 냄새 즉 왜내日本臭가 나고, 치즈(Cheese)에서는 양내西洋臭가 난다. 이것들이 모두 미생물에 의한 발효취醱酵臭에서 비롯되는 것이다.

된장은 각종의 아미노산과 음식에서 자칫 모자라기 쉬운 미네랄과 섬유소를 갖춘 알칼리성 식품이요 미용식품이며 항암성 식품이다. 된장의 신오덕新五德쯤 되리라. 여기에 자원 절약과 공해 방지에 큰 도움이 된다는 것을 감안하면 된장은 열두 가지의 덕(十二德)쯤을 갖춘 것이 되리라.

된장은 우리네 어머니의 심성 같다. 된장에 밥을 비벼 맛있게 먹는 손자 녀석을 보고 있으면 나도 모르게 눈이 밝아온다.

(1996)

까치 마을

용담龍潭 댐 공사로 어수선한 내 고향, 댐의 하류에 있는 마을 주민들은 이미 이주를 했으나 상류는 금년으로 농사가 마감된다는 것이다. 어쩌면 고향 마을에서는 마지막이 될지도 모르는 할아버지 제사에 참례하려고 길을 나섰다.

예정보다는 늦은 시간에 집을 나와 고속버스터미널엘 가니 전과는 달리 붐비지 않는다. 버스에 올라보니 좌석이 반도 더 비어 있다. 이것도 IMF의 한 단면을 보이는 것이려니 싶어 서글프다. 그래서인지 차 안이 가라앉은 느낌이요, 승객들의 표정도 밝지 않은 것 같다.

얼마를 달렸을까. 잿빛 논밭이 펼쳐진 건너편에 회색 무늬로 얼룩진 푸른 산이 다가섰다가 물러나기를 거듭하는데 눈을 들어 새털구름으로 수를 놓은 하늘을 본다. 훤하게 트인 창공에는 떼를 지어 나는 한 무리의 새라도 있음직한데 오늘은 그런 것마저 눈에 띄지 않는다. 가까운 산은 빠른 걸음으로 스쳐 가고 먼 산은 느긋하다.

왼편 산기슭에 옹기종기 모여 있는 여남은 그루의 미루나무가 헐벗은 가지 위에 까치집을 안고 서 있다. 까치들이 모여 마을이라도 이루어 놓은 것일까. 짝을 지은 한 쌍의 까치가 오손도손 새끼 몇 쌍쯤은 길러 냈을 그런 까치집들이다. 어느 집이 더 크고 어느 집이 작지도 않은 까치집들, 미루나무의 가지 사이에 둥지를 틀었으나 꺾이거나 휘어진 가지하나 보이지 않는다. 미루나무들도 그런 까치들의 집을 사랑으로 떠받들고 있을 것이다.

어릴 적에 까치가 집을 짓는 것을 본 적이 있다. 이른 봄, 까치 두 마리가 마른 나뭇가지를 열심히 물고 와서는 이리 끼우고 저리 맞추는 것이다. 저네들 조상 대대로 물려 오는 공법에 따라 짓는 집이라서인지 물고 온 나뭇가지를 금세 끼워 놓고는 또 다른 것을 가지러 간다. 그 작은 입으로 물고 오면서도 여간해서는 떨어뜨리는 실수가 없다. 제 분수에 맞는 것만을 물고 오기 때문이기도 하리라.

어쩌다 입에 문 마른 나뭇가지를 생 나뭇가지에 걸려서 떨어뜨리는 경우를 한두 번 본 일이 있긴 하나 그것을 다시 주워 올리려고 하지는 않는다. 어떤 금기라도 있는 것일까. 그렇게 지어 놓은 집을 까마귀한테 빼앗기는 경우가 있다. 까치에게는 참으로 서러운 일이다.

까치들은 잔가지가 더덕더덕 붙었거나 가시가 있는 나무에는 물론 햇볕 한 조각 나누는 것에 인색한 나무에는 집을 짓지 않는다. 여름에는 시원한 그늘을, 겨울에는 따스한 햇볕을 나누어 주는 나무라야 둥지를 튼다. 저 미루나무들이 그런 나무들이다.

그런데 지금 저 까치 마을에는 까치가 눈에 띄지 않는다. 한두 마리쯤 남아서 마을을 지킬 법도 한데 집을 온통 비워 놓고 어디를 간 것일까. 집단을 이루었으니 까마귀가 온다 한들 감히 집을 뺏으려 하지는 못할 것이라고 믿는 걸까. 집안에 거창한 살림들을 들여놓았거나 먹을 것을 쌓아 둔 것도 아닐 테니 쥐가 들락거릴 일도 없다. 아직은 알을 낳거나 어린 새끼가 없으니 족제비나 뱀 같은 짐승에게 당할 걱정도 없으리라.

하기야 내 어릴 적만 해도 우리 마을에서는 어느 집이고 사립문에 빗장을 걸지 않았다. 살짝 밀어 닫아 집안에 사람이 없다는 것을 표시해 놓을 뿐이다. 방문에 자물통을 채우는 집도 없었다. 우리 집에만 해도 녹슨 자물통이 하나 있긴 했으나 고양이나 드나들지 못하도록 광문 문고리에 걸어 놓는 것에 불과했다.

까치들은 어디를 갔을까. 저 많은 집들을 버리고 다른 곳으로 집단 이주를 한 것은 아닐 텐데, 먹을 것을 찾아 논밭으로 나간 것일까. 아니면 양지바른 언덕으로 봄 마중이라도 나간 것일까. 입춘이 지난 지 오늘이 꼭 보름이 되는 날이다.

까치는 말수가 적은 새다. 참새처럼 인가의 처마 끝에 깃들여 살면서 사람의 눈치나 살피는 그런 새가 아니다. 그렇다고 까치들은 사람들과 아주 멀리하지도 않는다. 가까운 경우라야 사립문께 가죽나무에 집을 짓거나 동구 밖에 서 있는 미루나무 아니면 뒷동산 참나무 가지 사이에 지어 놓은 작은 집으로 만족한다.

맑은 날 아침, 고향의 까치들은 외삼촌 같은 반가운 손님이 오실 것을 알려 주고, 시집간 누님이 근친 올 것을 알려 주기도 한다. 일제 때는 멀리 징용을 가있던 형님들의 편지가 올 것을 알려 주기도 했다.

까치가 노는 마을, 평화로운 저들의 세계에 불신이라는 것이 있을 리 없다. 지금 나는 그런 마을을 찾아가고 있는 것이다. 내 고향에는 까치집이 있고 고향 집 또한 까치집 같았다. 그랬다. 까치집 같은 초가가 옹기종기 모여 있는 마을, 내 고향 마을이 까치 마을이었다.

주먹만한 자갈이 깔린 신작로를 따라 꼬불꼬불 고개를 넘고 물을 건너 조심조심 달려가면 내 고향 마을이 있다. 국사봉國士峰에서 뻗어 내린 어머니 품처럼 아늑한 동산 자락 위에 앉은 고향 마을, 마을 앞에는 작은 들이 있고 들을 지나 안산 밑에서 여울지는 정자천程子川과 국사봉을 감싸며 흘러온 뒷내가 맑다. 운장산雲藏山에서 발원한 두 줄기 물이 앞뒤 들을 축여주면서 흘러내려 신들 앞에서 어깨동무를 하고 금강錦江으로 내닫는다. 거기 금강과 주자천朱子川 · 안자천顔子川이 어울리는 용소龍沼가 있는 땅에 물을 가두는 것이다. 용담龍潭 댐이다. 아! 금강! 긴 자락 뉘이면서 곰나루를 백마白馬로 달리며 구비진 역사를 가락으로 푸는 금강을 가로막아 그 맥을 자른다는 것이다.

평화로운 마을에 슬레이트 바람이 불어와서 까치집 같은 초가지붕을 걷어 내더니, 삼십 년이 지나서는 자갈길 신작로에 아스팔트 포장 바람이 불어 왔다. 물에 잠길 운명의 날을 앞에 두고 불어온 바람이다. 산山사람들이 새로 단장한 길을 딛느라 설레던 가슴을 달랠 겨를도 없이 탯줄을 걷어야 하고 고향을 물속에 잠기게 둔 채 떠나야 하는 수몰민들, 이웃사촌이 이산해야 하는 그 아픔은 어찌하려나.

인간들이 즐기는 개발의 등살이 저 산기슭에서 기승을 부릴 어느 날을 상상해 본다. 저 미루나무들이 앞으로 얼마 동안이나 저대로 서 있을까. 집을 잃고 우왕좌왕할 까치들이 그들만의 울음을 울다가 한 밤 지나고 두 밤 지나면 어디론가 사라지고 말 그런 날이 오고 말리라. 미루나무의 밑둥을 자르고 뿌리를 파내어 까치 마을을 송두리째 파괴하면서까지 욕심을 채우려는 인간이 있는 한 말이다.

까치 마을이 오래오래 평화로운 마을이기를 바라는 것은 한낱 꿈일까.

(1999)

수몰민의 설움
— 모교가 헐리던 날

고향 집, 아버지가 심으신 오죽烏竹이 푸르고, 인동 덩굴 어울린 생 울타리에 몸을 세운 오동나무에 보라 꽃이 한창이다. 나이 든 편백 한 그루가 키를 세운 뒤뜰, 은행나무 한 쌍이 나란히 서서 몸매를 뽐내고 매실나무와 감나무는 어린 열매를 달고 있다. 사립문께 두 그루의 대추나무와 가죽나무 · 호두나무는 자취를 감추었으나 담장 위 호박 덩굴의 기세는 여전하고 감나무 옆 두레박 샘이 음전하다.

정지 바로 앞, 마당 한쪽에 있는 우물은 세 형님들이 한창 젊을 때 땅을 깊이 파서 만든 우물로 우리 가족의 생명수였다. 밤에는 물속에서 별을 헤고 낮에는 흐르는 구름을 보면서 어머니 몰래 잡아다 넣은 붕어들과 놀던 내 작은 하늘이기도 했다.

마당 앞 감나무는 셋째 형님이 접을 붙인 것이요, 집 뒤에 은행나무는 내가 초등학교 1학년 때 심은 것이고, 매실나무는 안양 농장에서 옮겨다 심은 것들 중 여기에 살아남은 단 한 그루다.

새마을 운동이 한창이던 때 슬레이트로 지붕을 바꾸라는 것을 마다하고 초가 그대로 두었던 것이었으나, 뜻밖에 형님들께서 세상을 떠나고 나니 건사를 제대로 못한 집 꼴이 말이 아니었다. 여유가 생기면 아담한 집을 새로 지어 놓고 이 집에 뿌리를 둔 권속들이 모여 옛일을 되새기면서 앞날의 꿈을 키워 보려 했건만, 그런 때가 오기도 전에 용담댐으로 주춧돌마저 수몰될 운명에 놓인 이 터전.

열 것도 닫을 것도 없는 사립을 나와 뒷동산에 계시는 아버지 · 어머니 그리고 세 형님의 유택을 찾아간다. 가까이에 계신 5대조께 인사를 드리고 집안 어른들 산소도 둘러보고 나서 내려오는 길에 정천초등학교로 발길을 옮긴다. 내가 고향에 갈 때의 발걸음 순서 거개가 이렇다. 초등학교 교정 바닥 높이가 용담댐 만수위선滿水位線이란다. 이보다 아래에 있는 묘에는 번호를 붙인 하얀 팻말이 꽂혀 있다. 머지않아 물에 잠길 것이니 이 묘를 어디로든 옮기라는 것이다. 안산 기슭에 있는 할아버지 산소와 앞산 · 뒷산의 증조부 · 고조부 그리고 할머니 산소도 옮겨 드려야 한다. 동산 앞뒤로 흐르는 앞내 · 뒷내를 끼고 펼쳐진 들판하며, 이 마을 저 마을들이 한눈에 들어온다. 지붕 꼭대기만 보아도, 울안의 키 큰 나무만 보아도 누구

네 집인가를 알 수 있는 이웃들이다. 이 땅에 뿌리를 박고 흙을 일구면서 대대로 목숨을 이어온 이웃사촌들, 저 문전옥답을 버려두고 정든 마을을 떠나 어디로 갈 것인가.

고향 집 사립문으로부터 2백여 보요, 아버지 산소로부터도 2백여 보 떨어져 있는 초등학교를 찾아가면 교문 곁에서 네 그루의 나이 든 소나무가 나를 맞는다. 학교 주위에 울타리처럼 서 있는 무궁화며 개나리 그리고 운동장 서편에서 손을 펼치고 늘어선 나이든 벚나무들을 눈으로 맞으면서 발걸음을 옮기면 낯익은 모교 건물이 한 줄로 서서 나를 반겼다.

그런데 오늘은 교문 옆에 있어야 할 소나무들이 보이지 않는다. 축대 밑을 보니 철갑을 두른 소나무 한 그루가 뿌리가 뽑힌 채 땅바닥에 누워 있다. 교문 바로 안쪽에 세워 놓은 개교 60주년 기념비는 어디로 갔을까. 운동장에는 나이든 벚나무가 동강난 채로 뒹굴고, 무궁화며 개나리는 흔적도 없이 뽑혀 사라졌다. 소나무는 교목이고 개나리는 교화다.

교사 본관 옆에서 괴물처럼 꿈틀거리고 있는 포클레인이 있다. 가까이 가보니 학교 부속 건물은 이미 철거된 상태요, 화단은 모두 파헤쳐져 낯이 익었던 꽃들은 자취조차 찾아볼 수 없다. 교사 본관의 허리께를 포클레인의 이빨이 힘줄(철근)을 물고 고개를 이리 젓고 저리 젓다가는 높이 쳐들더니 쿡 찍고는 바르르 떤다. 한 번 찍고 두 번 찍고 붕 붕붕붕, 마치 사냥개가 큰 짐승의 옆구리를 물고 으르렁거리는 것 같다.

지붕이 내려앉고 벽이 무너진다. 초등학교 시절 축구공이 유리창을 깨뜨릴 때의 쨍그렁! 그 소리가 이명으로 살아나는데, 연기가 피어오르듯 먼지가 뿌옇게 솟아오른다. 학교에 잠겨 있던 정기精氣가 하늘로 오르기라도 하는 것일까. 이 터가 167년 전(1832)에 이 고장의 장학을 위해 설립한 옛날의 흥학당興學堂 자리고 보면 권학勸學의 정기가 서렸을 만도 하다.

뒤로는 국사봉國士峰이 병풍처럼 감싸고 앞으로는 정자천程子川 맑은 물이 흐르는 이곳에 정천초등학교가 개교(1923년 6월)한 이래 남자 1358명, 여자 1357명, 합하여 2715명의 졸업생을 내고는 수몰로 막을 내리게 된 제74회 마지막 졸업식(1998년 2월)이 있었던 날을 기억한다. "운동장이 물에 잠길 때까지 학교를 지키겠다."던 교직원과 학생들 그리고 학부형들이 있었지만 그날로 정천초등학교는 문을 닫아야 했고, 학생도 선생도 뿔뿔이 흩어져야 하는 서러움으로 장내는 숙연하고 사람마다 목이 메여 어린이들은 훌쩍이고 어른들은 가슴을 앓던 날이 불과 몇 달 전이었다.

운동장 바닥이 만수위선인데 콘크리트 학교 건물을 이렇게 서둘러 철거할 이유가 어디에 있을까. 괴물 같은 포클레인이 고개를 흔들면서 물고 뜯고 찍는 꼴을 보며 멍청히 서서 지난 일들을 떠올리고 있다. 내가 이 학교의 23회 졸업생이래서만은 아니다.

내 기억으로는 일제 때 이 학교 교장은 항상 일본인이었다.

내가 3학년 때에 가메마루龜丸論 교장 후임으로 부임해 온 다케누키竹貫成雄 교장은 외눈의 상이 육군 상등병 출신으로 매사에 까다롭기 이를 데 없는 별난 선생이었다. 광복 소식을 듣던 날 저녁엔 졸업생 몇이 오더니 교정 앞에 세워 놓은 '가미다나神壇'를 부수고는 교장 사택으로 가서 다케누키 교장을 나오라며 방을 향해 돌을 던지기도 했다. 그리고 다음날엔 급사가 학교에 있는 각종 서류와 장서를 모두 꺼내다가 불에 태우는 것을 보았다. 이해할 수 없었던 어릴 적 기억 중의 하나다. 그때도 오늘처럼 멍청히 서 있기만 했었다.

광복 후 새로운 공부가 시작되었을 때는 교장 이하 선생님들이 모두 새로운 얼굴이었다. 한글을 배우고 우리 역사를 배웠다. 교과서도 없는 그때, 선생님이 나누어 주는 책자의 내용이 어떤 것인지, 가르쳐 주는 노래가 무슨 의미를 지닌 것인지도 모르고 신이 나던 어느 날 갑자기 담임선생님이 상기된 얼굴로 작별의 말을 남기고는 학교를 떠나는 것이었다. 영문을 모르는 우리는 얼굴을 눈물로 범벅하고 나서 보니 선생님은 황새목재를 넘는데 경찰관들이 교문을 들어서고 있었다. 이렇게 떠난 선생님이 셋이던가, 넷이던가. 이 땅에 불어오는 돌개바람 따라 흔들리던 때의 기억이다.

학교 정문에서 가장 가까운 집이 우리 집이다. 학교에서 조회를 시작하려는 예비 종소리가 울릴 때 책보자기를 들쳐 메고 달려가도 지각을 면하기에는 충분했다. 그러니 학교 운동장은 내 집 마당이나 다름없었다.

그 무렵 학교에는 우물이 없었다. 동산 위에 세워진 학교이기에 우물을 파도 물이 나오지 않았다. 먹을 물은 마을에 내려와서 길어 가야만 했으니 우리 집 우물은 학교 급수원이었다. 주전자나 물통을 들고 물을 길러 오는 것은 물론이요, 여름날 등하교 때는 물을 마시려는 학생들이 앞을 다투어 우물가에 줄을 서는 것이다. 도랑물도 마르는 가뭄이 들고 보면 청소 용수로도 우물물을 길어 가야 하니, 점심때쯤이면 우리 우물은 바닥이 나고 만다. 두레박을 우물 속에 빠뜨리는 것은 예사요, 돌로 쌓아 올린 우물에서 두레박이 남아날 재간이 없다. 학생들과 우리 우물 사이의 추억 한 토막이다.

교사가 폭삭 폭삭 주저앉고 있는 것을 보고 있다가 뒤를 돌아보니 이웃 마을에 사는 동창 김金宅烈 군의 부인이 손자의 손을 잡고 포클레인의 몸짓을 보고 서 있다. 무슨 생각을 하고 있을까. 수몰이 아니라면 얼마 안 있어 지금 손을 잡고 있는 손자가 이 학교를 다니게 될 것이요, 아들딸들이 다녔던 학교이고 남편의 모교임을 떠올리고 있을까. 이 고장으로 시집을 온 뒤로 아들딸들을 낳고 기른 정든 집도 머지않아 이렇게 헐릴 것을 생각하면서 이산離散의 아픔을 짚어 보고 있으리라.

(1999)

술이 뭐길래

— 술과 오진

오래 전의 이야기다. 어느 날 점심을 먹고 나서 얼마 되지 않아 배가 아프기 시작하는데, 예전 같으면 어머니의 약손으로 다스릴 수도 있으련만 어머니는 고향에 계시고 나는 서울에 있었다.

이런 때는 독한 소주 한 잔으로 다스릴 수도 있으리라는 생각에서 소주 한 병에 오징어 한 마리를 사오도록 했다. 소주 한 모금 마시고 오징어 한 입 뜯고, 오징어 한 입 뜯고 소주 한 모금 마시고, 이러기를 한 시간쯤 했던가. 이쯤이면 통증이 멎을 법도 한데 오히려 더 아파 오는 것이 예사롭지가 않았다.

그때 신용협동조합연합회 강姜勝熙 부장이 찾아왔다. 밝은 대낮이요, 근무 시간에 혼자 집무실에서 술을 마시고 있는 꼴을 보더니 어이가 없었던지 이유를 캐묻는다. 술이라는 것을 입에 대보지도 않은 사람인 것처럼 군다. 복통을 달래려고 마시는 술임을 알고는 병원엘 가자는 것이다. 그 성화에 못 이겨 가까운 한강성심병원으로 갔다. 침대에 뉘어 놓고는 배를 여기저기 꾹꾹 눌러보고 나서 가슴 서너 곳에 청진기를 대보던 의사의 진단인즉, 술을 먹어서 배탈이 난 것이란다.

배가 아파서 술을 먹게 되었다는 경위는 이미 이야기를 했던 터라, '술을 먹고 배가 아픈 것이 아니라 배가 아파서 술을 먹게 되었다'는 것을 한 번 더 강조했건만 들었는지 말았는지, 끝내 술을 먹어서 배가 아픈 것이라며 응급실로 보내는 것이다. 그때가 오후 다섯 시가 조금 지났을 때인데, 내 복통은 가히 초산모의 진통이 이렇지 싶은 것이었다.

응급실 침대에 누워 있으니 예쁘지도 않은 간호사가 빨대만 한 주삿바늘을 왼팔 혈관에 꽂더니 누런 액체를 밀어 넣는 것이다. 그러고는 커다란 링거 병을 침대머리에 매달더니 손등에 불거진 혈관을 뚫어 꽂아 놓은 주삿바늘 구멍을 통해서 또 누런 액체를 흘려 넣는다. 그러자 한 방울 들어가면(떨어지면) 두 번 쑤시고 두 방울 들어가면 다섯 번은 쑤시는데 아픈 것도 아픈 것이지만 그 누런 액체가 한 방울 한 방울 내 몸 속으로 들어가고 있다는 사실이 못 견디리만큼 언짢다. 그러니 간호사가 양귀비라 한들 예쁘게 보일 리 없다.

할 수 없이 간호사를 불러 주삿바늘을 빼 달라고 사정을 하나, 선생님의 지시 없이는 할 수가 없단다. 그 젊은 의사가 당직이 아닌 바에야 이미 퇴근을 했을 것이요, 설령 병원에 남아 있다고 한들 일단 처방을 내린 이상 그 고집불통 의사가 호락호락 다른 처방을 낼 리가 없다. 내 병은 내가 안다. 병이 나서 술을 마셨지 술을 먹어서 병이 난 것이 아니라는 것만은 아는 사람이다. 오진으로 내린 처방이 병을 다스릴 까닭이 있겠는가. 간호사만 딱하게 된 것이라는 생각을 하면서 또 불렀다.

"제발 내 말을 좀 들어 주소. 아픈 사람도 나요, 내 돈 내고 내 몸을 치료하는데 환자의 의사는 이렇게 무시해도 되는 거요. 오진이 틀림없소. 주사기를 빼 주지 않으면 내가 빼 버리겠소. 부탁이오."

"제 마음대로 할 수가 없어요, 어떻게 하지요, 선생님도 안 계시고…."

그렇다. 간호사가 내 말을 알아듣지 못하는 것은 아니다. 더 이상 간호사를 괴롭힐 필요가 없는 것이다. 이제는 내 특유의 비법을 쓰는 도리밖에 없을 성싶다. 목소리를 한껏 높이고 눈을 부라릴 수밖에. 응급실이 날아가거나 간호사가 기절을 한다 해도 내가 알바 아니다.

간호사가 제정신으로 주삿바늘을 뽑았는지 엉겁결에 뺐는지는 몰라도 나는 침대에서 일어나 홀가분한 마음으로 병원 문을 나섰다. 통증도 놀라서 숨어 버렸는지 뱃속이 조용하다.

동네 약국에서 진통제를 사 먹은 김에 저녁을 먹고는 일찌감치 잠자리에 누웠다. 잠자리에 일찍 든 만큼 일찍 잠이 깬 것인지 밤 3시에 눈을 떴다. 통증은 견딜 만한데 배를 짚어 보니 오른쪽 아래가 아픈 듯하다. 일어서서 폴짝폴짝 깨끼 뜀질을 해 보니 역시 오른쪽 아랫배가 울리면서 아프다. 맹장염 같으나 이 새벽에 어쩌랴. 진통제 몇 알을 더 먹고서 잠이 들었다가 다시 눈을 뜬 것은 일곱 시다. 깨끼 뜀으로 재확인을 해 보아도 맹장염임이 틀림없다.

집사람에게 맹장염이라고 하니 반신반의다. 속으로는 뭘 안다고 저럴까 싶었으리라. 직장으로 전화를 걸어 내가 맹장염으로 입원을 해야겠으니 업무 처리를 어찌어찌하고 돈 얼마를 가불해 보내라는 부탁을 하고는 병원으로 갔다. 병원에 도착했을 때가 여덟 시, 간호사들이 출근을 하고 있는 중이다. 접수구에 진찰권을 내밀면서 어제 왔던 환자인데 오진으로 맹장이 터졌을지도 모른다는 말을 남기고 2층에 있는 내과로 올라가니 의사들도 출근 중이다. 담당 의사는 보이질 않는다.

십 분쯤 기다렸던가. 가운의 단추를 끼우면서 가까이 다가오는 어제 그 의사가 침대에 누워 있는 나를 보더니 술을 먹고 배가 아파서 왔던 환자가 아니냐는 것이다. 술을 먹어서 배가 아픈 것이 아니라 배가 아파서 술을 먹은 것이라는 말을 또 한 번 하고는 맹장이 터진 것 같다고 했더니 기가 찬 모양이다. 그도 그럴 것이 제가 뭘 안다고… 잠시 후 의사의 얼굴이 노랗게 변하는 것을 보니 깨소금 맛이다.

나를 일으켜 붙들고는 외과로 가자고 서둔다. 아니나 다를까. 외과 의사의 '맹장염'이라는 한 마디에 나는 휠체어에 올라 타는 몸이 되고, 간호사 몇이 병원에 불이라도 난 것처럼 뛰어 다닌다. 그러고 한 시간 반쯤 뒤던가, 마스크를 한 집도의執刀醫가 하는 말이 조금만 늦었더라도 큰 고생을 할 뻔했단다. 떼어 낸 충양돌기를 보여 주는데, 톡 튕기면 터질 것만 같은 게 홍황紅黃이 분명하다.

지난해 봄이었다. 당뇨 검진 차 예의 병원을 찾아갔더니 내 맥박이 고르지 못하다면서 심장 전문의한테 가보라는 것이다. 술을 마시느냐, 담배를 피우느냐는 등 내 기호성嗜好性 경력만을 캐묻고 심전도 측정을 비롯한 몇 가지 검사를 시키더니, 정상이 아니라면서 심장 조영시술을 해야 한다며 예약을 하라는 것이다.

해서 내가 근간에 어떤 일로 오랫동안 몸에 무리가 있었기 때문에 그 여파로 심신이 피로하다는 것을 이야기하고 두어 달 뒤에 다시 진찰을 해 보면 어떻겠느냐고 했으나 받아들이지 않는 것이다. 아무래도 미덥지가 않아 S병원을 찾아갔으나 H병원에서와 비슷한 과정의 검사를 하더니 어찌된 것인지 이 병원에서는 당장 입원을 하고 심장 조영시술을 받으라는 것이다.

이렇게 답답할 수가 있는가. 마음에 내키지 않는 조영시술을 받기는 했으나 얻은 것이 없다. 예상이 들어맞지 않자 이제는 폐를 보자는 게 아닌가. 애꿎은 가슴 X-ray만 몇 차례를 찍었던 것이다. 보약 몇 제를 먹고도 남을만한 돈을 쓰고도 기력은 기력대로 쇠진했으니 애석한 노릇이다. 두 병원이 모두 '제가 뭘 안다고…' 했으리라. 술과 담배를 오랫동안 즐겼다는 죄로 의사에게 불신을 당한 것인가.

결론은 담배를 끊고 술을 마시지 말라는 것이다. 담배와 술을 끊는다는 것이, 나 같은 심약한 사람에게는 쉬운 일이 아니다. H병원에서였다. 담배를 줄이고 술을 적게 마시는 정도로 조절을 하면 어떻겠느냐고 물었더니, 내 얼굴을 쳐다보며 의사가 하는 말이, "일찍 죽고 싶습니까? 대포로 맞으나 소총으로 맞으나 죽기는 매한가지요!" 하는 것이다.

그렇다고 천생 연분으로 친해 온 술과 담배를 원수지간이나 된 것처럼 당장에 멀리하란 말인가. 참 인색도 하시지….

(1999)

낙엽

차를 기다리느라 행길가에 서 있으려니 가로수가 잎을 떨군다. 여름을 싱그럽게 피워 냈을 플라타너스 잎에 도드라진 엽맥이 한 삶을 살아온 노인의 손등에 불거진 핏줄 같다.

목마름을 겪고 비바람도 이겨 낸 잎, 분진과 매연에 시달린 잎이다. 서울의 가로수만큼 여유 있는 발걸음 소리나, 고운 이들의 속삭임을 듣고 싶어 하는 나무도 없을 거라는 생각을 해 본다. 아름다운 선율은 식물의 성장에도 도움이 된다고 하던가.

현기증이라도 날 것 같은 차 안에서 스쳐가는 가로수를 보며 상념에 잠긴다. 얼마나 시간이 흘렀을까. 황금빛 은행나무가 줄지어 서있는 양재동良才洞 거리에 이르니 나이 듬직한 환경미화원이 자기의 팔목 두 배나 되는 나무의 허리를 붙들고 흔들어 댄다. 그의 임무가 길을 깨끗이 하는 일이요, 어질러지는 것에 넌더리가 난 사람이리라. 은행잎이 우수수 떨어진다.

그러나 한 풍상을 겪었을 그가 무심히 나뭇잎을 떨어뜨리고 있는 것만은 아니리라. 나무들이 잎새에 물을 들이는 까닭이나 그 잎들을 아쉽게 떨구고 있는 뜻을 어찌 모르랴.

보랏빛 꿈을 꽃으로 피워 내던 오동나무 넓은 잎에 비 듣는 소리가 아니 좋던가. 단잠을 깨워도 짜증스럽지가 않고 귀가 맑아지는 소리다. 그토록 넉넉한 잎을 가졌으면서도 그 잎에 그림 한 폭 그려볼 겨를도 없이 무서리 한 번에 뚝뚝 잎을 떨구는 오동나무의 서글픔을 그도 알리라.

얼마 전부터 내 집 정원에서도 그림 잔치가 벌어지고 있었다. 목련이 잎에 연노랑으로 물을 들이기 시작하는가 싶더니, 옆에 서 있는 모과나무는 푸른 바탕에 삼색으로 그림을 그리고 감나무는 오색으로 유화를 그린다. 가을 나무들은 추상화의 명수들인가. 초목의 생김새가 그 종류대로이듯 잎새에 나름의 빛깔로 가을을 그린다. 개개의 종속이 그려 내는 삶의 흔적이요 시절의 무늬이리라.

어느 짓궂은 작명가作名家의 심술일까. 계단 옆 청단풍은 어려서도 단풍나무요 나이 들어도 단풍나무다. 빨간 봄 잎을 피워 냈다가는 초록의 시샘이라도 있었던 것인지 푸른 옷으로 갈아입고 여름을 살다가, 가을이 되면 그 잎에 단풍이 든다. 봄날의 그 빛깔을 잊지 못했음일까.

단풍이 든다는 것은 가을을 산다는 것이요, 봄을 기리고 여름을 갈무리하며 한 해를 가다듬는 것이다. 봄과 여름엔 햇빛을 다투었을지라도 한 삶을 태운 잎이 느긋하게 가을을 엮어 가는 빛깔은 맑고 곱다.

가을 잎에는 시샘이 없다. 감국 꽃이 달빛에 물들 무렵이면 나무마다 제 물로 곱던 잎들을 땅으로 내려앉힌다. 낯선 잎들이 섞여 들어도 탓하거나 싫어하지 않는다. 서로 안아 주고 깔아 주며 덮어 준다. 흙냄새에 젖어들면서 갈빛 일색으로 여유 있게 무색無色의 겨울을 맞이한다.

가을 잎은 시들지 않고 마를 뿐이다. 몸을 비틀며 시드는 봄 잎이나 여름 잎과는 다르다. 가을 잎이 꿈을 잃었다 하고 낙엽을 보고 죽었다 하겠는가.

낙엽이 밟히는 소리는 발바닥을 통해 가슴으로 전달되는 자연의 소리요 떨림이다. 지나온 삶을 돌아보게 하고 겨울 속의 봄과 여름을 헤아리며 가을을 사는 노인의 겸허를 생각하게 한다.

낙엽에 비 듣는 소리는 한 세월을 뒤척이게 한다. 짝을 잃은 풀벌레도 숨을 죽이는 가을밤, 한지창韓紙窓 두드리는 소리는 나는데도 오는 사람은 없고 창 밖에는 보슬비만 내린다. 가슴만 텅 비게 하는 밤이다. 그 가슴에 샘물처럼 고이는 것은 추억이다. 가을꽃 사랑이 이는 밤이다.

낙엽에 불이 붙으면 뜨거운 열기를 뿜으며 훨훨 탄다. 푸른 연기로 하늘 높이 오른다. 그리고 남는 것은 하얀 재, 토수화풍土水火風의 이치가 여기에 있으리라. 작은 우주가 타는 것이다. 제 종속의 냄새로 타고 제 소리로 탄다. 낙엽이 타는 소리는 봄을 말하고 여름을 털어 놓는 가을의 소리다. 그 소리는 그 나무의 함축된 삶의 소리다. 새 봄을 잉태시킬 겨울을 위한 예언이다.

바람결에 대굴대굴 구르거나 흩날리는 것도 낙엽이다. 좁은 한산한 정원, 나는 나무들이 떨구어 놓는 낙엽을 첫눈이 내릴 때까지 쓸어내지 않는다. 언젠가는 밟혀 부스러지고 타버리거나 눈 속에 묻혔다가 빗물에 씻기고 썩어서 흙이 될 것들이지만 낙엽은 낙엽대로의 정취를 지녔다.

그 낙엽을 잠재우는 것은 하얀 솜으로 내리는 눈이다. 그런 날은 자장가 소리가 들린다.

(1996)

고향 냄새

책상 유리판 위에 놓인 돌멩이 하나를 보고 있다.

손으로 만지작거리거나 코에 대고 남새라도 맡아볼라치면 그리움 병이 도진다. 물속에 잠겼던 고향집에 들렀다가 주어온 엄지손가락 둘을 합친 것 만한 작은 돌멩이다.

고향을 다녀온 지 달포쯤 된다. 용담댐 공사로 수몰된 고향, 선영을 국사봉國士峰 중턱 수몰선水沒線 위로 옮겨 모시고 새로 지은 종각宗閣에서 뿔뿔이 헤어졌던 일가들이 모여 종사를 의논하기 위한 종친회에 참석하기 위해서였다. 예전 같았으면 대목재 고갯길을 넘자마자 산에는 신록이요 들엔 자운영 꽃으로 일렁일 때이련만 고향의 들판 거기에는 파란 물이 출렁이고 있었다. 고향마을로 찾아드는 자갈길 신작로도 물에 잠기고 산중턱을 깎아 새로 만든 용담댐 관광도로는 아스팔트길이건만 나에겐 낯설기만 하다. 종친회를 마친 뒤에 국사봉 낮은 자락 양지바른 옛 고향마을 뒷동산으로 아버지 · 어머니 그리고 세 형님 산소에 성묘를 하러 갔다.

산소 옆에 차를 세워놓고 성묘를 끝낸 다음 버릇처럼 고향집이 있던 쪽으로 내려와 보니 고향집 옛터가 드러나 보인다. 봄철 갈수기라서 그럴 것이긴 하나 이런 경우를 보기는 처음이다. 언제 또 이런 기회가 있으랴 싶어 용담댐 만수위선인 옛 초등학교 교정을 밟아보고 정문으로 오르던 비탈길을 따라 조심조심 발길을 내려딛는다.

부실해진 몸을 지팡이에 의지하면서 파란 물로 가득 차있던 곳을 떠듬떠듬 걸어 내려가려니 만감이 교차하면서 몸이 후들거린다. 바른편에는 '말 바위'가 온몸에 흙가루를 뒤집어 쓴 채 낯익은 자태로 옛 그 자리에 외롭게 앉아있다. 어릴 적에 소꿉친구 이李忠胤군과 함께 말 타기 놀이를 하던 바위다. 이 바위 왼쪽 길 건너에 옛 고향집 사립문이 있었다. 사립밖에 있던 실개천은 흙으로 덮여서 평지다. 열고 닫을 것도 없던 사립문을 찾아 마당에 발을 들여 놓는다. 낯선 곳으로나 찾아드는 것처럼 조심스럽다. 우리 집과 바로 아래 집터는 물기가 말라있으나 조금 낮은 한 집 건너 앞집 터만 해도 땅이 젖어있고 그 너머에서는 물 자락이 넘실거리고 있다. 몇 길 물 속을 허우적거리며 고향집을 찾아 수중탐사라도 하는 기분이 이럴까, 물이 차 있을 때라면 여기는 스무 길도 넘을 물속이다.

금시 파랗게 물이 덮쳐 올 것처럼 저만큼에서 넘실거리는 물너울을 보며 마당으로 들어서려니 야릇한 두려움이 엄습해온다.

어릴 적 놀이터요 타작마당으로 반반하던 안마당은 긴 장마에 이끼라도 피었다가 말랐던 것처럼 그렇게 말라있는 것하며 드러난 돌멩이들이 흙가루를 뽀얗게 뒤집어쓰고 있는 것이 여기가 물이 놀다간 자리였음을 실감케 한다. 여기저기에 물이 밟고 간 자국에다 담이 사라진 집터가 쑥대도 하나 없는 폐허 바로 그것이다.

예전 같았으면 사립문을 들어서자마자 어머니를 부르며 달려가 신방돌을 딛고 오를 마루하나 없건만 한 발작 한 발작 조심스럽게 토방을 디디며 안방에 다가가도 어머니는 안 계신다. 폐허가 된 옛 성터라도 답사를 하는 듯 스무 길도 넘는 물 무게에 눌렸던 고향집을 고개를 갸웃거리며 찾아드는 처량함이라니, 안채가 앉아있던 자리며 행랑채가 서있던 자리에 주춧돌은 앉아있으나 어떻게 된 것인지 낯선 돌멩이들도 여기저기에 보인다. 넓고 크게만 보이던 고향집이 앉았던 자리가 어쩌면 이리도 작고 초라할까.

어머니가 앉아 계시던 안방 그 자리에는 구들이 조금 흐트러져 있다. 이른 새벽에 담배 대통소리 · 기침소리 들리던 사랑방에도 아버지는 안 계신다. 안채 부엌을 들여다본다. 할머니의 부뚜막이었고 어머니의 부뚜막이며 누님들의 부뚜막이고 형수들의 부뚜막들이 물에 씻겨, 간 곳이 없다.

알살을 찢어대는 포크레인의 허연 이빨
흙 자리 물자리 뒤바뀌고 말았구나.
고향아 눈 먼 고향아 귀까지 멀으란다

아버지의 그 아버지 기침소리 걸린 가지
아들의 그 아가의 자장가가 누운 자리
부뚜막 길든 흙까지 물에 풀려 흘러라.

졸작 시조 시 〈눈먼 고향〉의 전문이다.

우리 집 농사꾼 누런 소가 새끼를 거느리고 평화롭던 외양간도 물이 씻고 간 흙바닥이다. 여름철이면 붉은 맨드라미와 봉선화 꽃이 곱고 칠월이면 괴꽃이 하늘거리던 장독대를 찾아가 본다. 꽃이야 있으랴만 거기에 있어야 할 널따란 장독 받침돌까지도 사라졌다. 세 형님들의 젊은 힘으로 만들어 깊디 깊던 우물은 돌과 흙으로 메워버렸던 것인지 그 자리마저 가늠하기가 어렵다.

그 속에는 푸른 하늘이 있었고 구름도 몇 점 흐르다가 밤엔 달이 뜨고 별도 뜨고 내 어린 얼굴도 거기에 있었다. 우물 옆에 서있던 감나무는 옮겨진 것일까. 등걸도 보이질 않는다. 내가 국민학교 2학년 때 심었던 두 그루 은행나무도 흔적이 없다. 그냥 베어버리기에는 아까운 것들이라 뿌리 채 파다가 옮겨 심었을까. 어디로 가서 살고 있을까.

찾는 곳마다 지난날의 그림들이 펼쳐진다. 이 구석 저 구석을 살피며 유년을 찾아보고 선대의 유물 같은 것이나 아버지·어머니께서 쓰시던 어떤 물건의 파편이라도 찾아내고 싶긴 하나 내가 찾는 것은 하나도 없다. 막연하나마 어떤 그리움 같은 것의 편린이라도 말이다. 정확하게 말하자면 나는 내가 무엇을 찾고 있는 지도 모르면서 찾으려 하는 것이다. 어릴 적에 가지고 놀던 공기 돌이나 깨진 사금파리 한쪽이라도 찾고 싶어 눈을 두리번거리는 것이다. 그러나 그런 것도 없다. 인정사정 없는 포클레인이 긁고 간 자리, 물에 씻긴 자리에 무엇인들 남아 있으랴. 용담댐에 물을 채우기 시작한지 4년이 넘었다.

뒤뜰 생 울타리를 본다. 측백나무 곁에 오동꽃이 흐드러지고 벌들이 잉잉대던 골담초하며 인동덩굴 꽃이 금은金銀으로 곱던 자리, 나무란 나무는 모두 물에 녹아버리고 아버지의 오죽烏竹 몇 개가 이파리 하나 없이 회초리로 서있다. 매화나무는 어디로 갔을까. 대추나무며 오디가 까맣게 열리던 뽕나무도 사라졌다.

온 집안을 다 둘러보아도 눈에 익은 것은 신방돌 몇 개가 있을 뿐이다. 어머니의 안방을 다시 들여다본다. 어머니가 부엌에 불을 지피셨던 청솔가지 타는 연기에 그을린 구들이 있긴 하나 그렇다고 구들장 하나를 몽땅 들고 올 수도 없는 일이다. 몇 번을 눈여겨본다. 한쪽이 까맣게 그을렸고 다른 한쪽은 원래의 돌 빛깔로 잿빛인 작은 돌멩이 하나가 눈에 들어온다.

구들을 놓고 그 틈새를 막아 흙으로 방바닥을 바를 때에 쓰였던 그런 돌 같다. 한 쪽은 청솔가지 타는 연기에 그을렸고 다른 한쪽은 어머니의 체온을 전해 받기도 했을 그런 돌멩이 하나를 주어 들고 코에 대보니 그을음 냄새가 나는 것 같고 흙냄새도 배어 있다. 흙을 털어 내고 포켓에 넣었다.

그 돌이 지금 내 책상 위에 앉아서 나를 바라보고 있다. 아니 내가 보는 것이다. 그냥 돌멩이가 아니다. 수몰된 고향집을 몽땅 안고 와서 앉아 있다. 중학교에 다니는 손자 녀석에게 이놈을 보이면서 냄새를 맡아보라고 하니 흙냄새만 난다고 한다. 녀석의 코가 할아비 코와 어찌 같을 것이며 청솔가지 타는 냄새나 그을음냄새를 알랴. 내 코에는 청솔가지 타는 냄새요 그을음 냄새가 배어나는데도 말이다. 제 아무리 오랫동안 물에 잠겨있었고 물에 씻겼더라도 고향냄새는 지울 수가 없나부다. 그런 것이 고향 냄새일까.

(2005)

■ 연보

• 학력

1947~1953 전주사범학교 졸업
1953~1957 서울대학교 사범대학 생물과 졸업
1957~1977 서울대학교 대학원 생물학과 석사과정 수료
1980~1998 서울대학교 대학원 생물학과 박사과정 수료 (이학박사)

• 직장생활

1960~1974 제일물산공업주식회사
1976~1982 미원식품주식회사
1982~1992 주식회사 화영
1986~1989 신진식품주식회사 (겸직)

• 학회활동

1978~2001 한국균학회 이사 및 평의원
1979~1992 사단법인 한국종균협회 이사
1979~1993 한국산업미생물학회 이사 및 평의원
1979~2001 한국식품과학회 이사 및 평의원
1980~2001 한국미생물학회 이사 및 평의원
1980~ 중화민국미생물학회 종신회원
1981~1986 일본발효공학회 회원
1981~1988 일본균학회 회원

1982~1993 한국생화학회 평의원

• 신용협동조합 활동

1971~1974 제일물산신용협동조합 창립, 이사장
1971~2006 중앙신용협동조합 창립하고 이사 및 수석감사
1973~1976 신용협동조합 서울지구 평의원
1973~1974 재무부 및 신협 연합회 위촉 경인지구 감사
1976~1978 미원식품주식회사 마을금고 발기 창립하고 감사

• 기타 사회활동

1957~1958 향리에서 농촌 계몽활동
1957~1976 마을문고 보급운동에 참여
1958.~1959 육군에서 군복무
1967~1968 맹인 흰 지팡이 보급운동에 참여
1973~1976 강남중학교육성회 부회장
1981~1982 장훈고등학교육성회 이사
1986~1987 한국양조식초협의회 회장
2001~ 나주임씨중앙화수회 부회장
2002~1903 서울대학교사범대학동창회 상임이사
2005~ 재경전주교육대학교 동창회자문위원
1976~1992 해외 견학 및 연수 등 13회

• 문단 활동

1987 季刊 《隨筆公苑》 회원

1993	月刊 《隨筆文學》에서 천료
1993~1995	송현수필문학회 부회장
1993	제2회 전국시조생활화운동본부 백일장에서 차상
1994~	한국문인협회 회원
1995	月刊 《文藝思潮》 시조부문 신인상
1995~	한국시조시인협회 회원
1995~	한국자유시인협회 회원
1995	季刊 《隨筆公苑》에서 천료
1995~1998	한국수필문학진흥회 사무국장 및 상임운영위원
1996~1998	수필산책문학회 감사
1996~	청운시문학회 회장
1998~2002	한국수필문학진흥회 부회장
1999~2006	한국자유시인협회 이사
1999	季刊 《時調生活》에서 신인상
1999	허균문학상 시조부문 본상
1999~2003	全民族時調生活化運動本部 理事
1999~2002	에세이문학 편집위원
2000	용담댐 망향가 공모에서 시조 시 〈望鄕歌〉 당선
2000~2002	수필산책문학회 부회장
2000~2007	수필동인 五友文學會 회장
2001~	국제 P · E · N 한국본부 회원
2002~2003	수필산책문학회 회장
2002~2004	全民族時調生活化運動本部 부회장
2005~2006	서초문인협회 자문위원

2006~ 수필동인 양재회 회원

• 저서

수필집

1996 ≪눈이 오는 토요일≫ 도서출판 교음사

2001 ≪파브르의 눈≫ 도서출판 선우미디어

2007 (공저)≪五友隨筆≫ 도서출판 교음사

시조집

1998 ≪종이 학을 접으며≫ 도서출판 문예사조

2001 (공저) ≪침묵의 江≫ 도서출판 대한

2002 ≪餘白에 點 하나 찍고≫ 도서출판 東暻

2004 ≪点과 線 그리고…≫ 도서출판 동경

2007 ≪함께 그린 肖像畵≫ 도서출판 동경

기타 ≪논문집≫ 외

현대수필가 100인선 · 30
임억규 수필선
고향냄새

초판인쇄 | 2008년 10월 15일
초판발행 | 2008년 10월 20일

지은이 | 임 억 규
펴낸이 | 서 정 환
펴낸곳 | 좋은수필사

주　소 | 서울시 종로구 익선동 30-6
운현신화타워 빌딩 3층 305호
전　화 | 02)3675-5635, 063)275-4000
등　록 | 1984년 8월 17일 제28호
홈페이지 | http://www.shin-a.co.kr
e-mail | essay321@hanmail.net

값 7,000원

ISBN 978-89-5925-299-2 04810
ISBN 978-89-5925-247-3 (전 100권)